Gerhard Heil

# Sehnsucht nach Sinn

Gerhard Heil

# Sehnsucht nach Sinn

Wegbegleiter auf der Landkarte des Lebens

BRUNNEN
Verlag Giessen · Basel

MIX
Papier aus verantwortungsvollen Quellen
FSC® C014496
FSC www.fsc.org


www.brunnen-verlag.de
Umschlaggestaltung: Olaf Johannson
Satz: DTP Brunnen
Herstellung: GGP Media GmbH, Pößneck
ISBN 978-3-7655-1515-6

Gerhard Heil hat mit Empathie und großer Offenheit einen Reiseführer zur persönlichen Sinnfindung geschrieben, der frei ist von jedem Dogmatismus. Gerade der Bezug auf Viktor E. Frankl hebt es aus der Masse der Sinnfindungsbücher angenehm hervor.

*Dr. Klaus Leister, Logotherapeut und Existenzanalytiker*

Der ‚Reiseführer zur persönlichen Sinnfindung' schildert umfassend und anschaulich den Weg zum Sinn. Hindernisse, falsche Vorstellungen wie auch Stärkungen und Herausforderungen auf der Wanderung zum Ziel werden ausführlich erläutert. Die zahlreichen Zitate aus Bibel und Literatur, die geschilderten Schicksale sind hilfreich, geben Richtung und Ermutigung. Die Fragen am Ende eines jeden Kapitels tragen zur Bewusstwerdung und Selbstbesinnung bei. Das Buch ist ein wertvoller Beitrag zur persönlichen Sinnfindung.

*Günter Kröger, Buchautor und Dichter*

Ich finde, das Buch ist sehr angenehm zu lesen und regt immer wieder zum Nachdenken und zur Selbstreflexion an. Der logotherapeutische und religiöse Aspekt sind sehr gut miteinander verbunden.

*Prof. Dr. Jörg Zimmermann, Ärztl. Leiter der Karl-Jaspers-Klinik*

# Inhalt

# Einleitung

„Jeder Mensch hat etwas, das ihn antreibt", heißt es in der Werbung einer großen Bank. Bloß was? Leben – aber wozu? Es gibt wohl kaum einen Menschen, der sich diese Frage noch nicht gestellt hat. Kein Mensch kann leben ohne Sinn. Wäre alles sinn-los, so bestünde morgens kein Grund zum Aufstehen. Das Leben geht im Alltag seinen gewöhnlichen Gang – arbeiten, essen, entspannen, schlafen. Wir haben aber eine Sehnsucht nach Sinn.

Wer nach dem Sinn fragt, stellt auch die Frage nach dem Ziel. Im Kreis zu laufen ist Un-sinn. Der Humorist Karl Valentin bringt dies in seiner Pointe zum Ausdruck: „Entschuldigen Sie bitte, können Sie mir sagen, wohin ich will?" Die Besinnung auf ein Ziel gibt einerseits der Bewegung eine Richtung und andererseits auch die Kraft für den zu bewältigenden Weg.

Das deutsche Wort „Sinn" hat mehrere Bedeutungsschichten. Es kommt ursprünglich aus dem althochdeutschen Wort „sinnan" und bedeutet Unterwegssein (gehen, fahren, reisen), also eine Richtung einschlagen. Als Mensch bewusst seinen Weg zu gehen und diesem eine Bedeutung zu geben, erfordert das Nachsinnen. Was zu der Erreichung des Zieles dient, erweist sich als zweckmäßig und sinnvoll. Dass etwas „Sinn macht", haben wir aus dem Amerikanischen als Redewendung entlehnt. Sinngewissheit ergibt sich, wenn jemand sein Ziel erreicht oder sich diesem zumindest nähert. Eine tiefe Befriedigung stellt sich ein – das Leben ist sinnerfüllt und lebenswert.

**Karl Valentin: „Entschuldigen Sie bitte, können Sie mir sagen, wohin ich will?"**

Die Frage nach dem Sinn des Ganzen stellen sich die meisten Menschen nicht, wenn ihr Leben rund läuft. Sie stellen sie sich häufig erst in Zeiten der Krise. Wenn der Arzt eine schlechte Prognose stellt, wenn eine Beziehung zerbricht oder der Arbeitsplatz in Gefahr ist. Dann wird unser bisheriges Sinngefüge erschüttert: „Wie kann es weitergehen?" „Was bleibt mir noch?" – Solange alles gut läuft, wird die Sinnfrage auf einen späteren Zeitraum aufgeschoben.

Mensch zu sein heißt, nach dem Sinn seines Lebens zu fragen. Wir empfinden unser Leben immer dann als gelingendes Leben, wenn es auch sinnvolles Leben ist.

Nach Sinn zu suchen ist keine theoretische Angelegenheit, keine Frage nach abstrakten Wahrheiten. Die Zeit der einheitlichen Sinnentwürfe ist endgültig vorbei, das globale Zeitalter bringt viele Möglichkeiten der Lebensgestaltung, von denen unsere Vorfahren noch nicht mal eine Ahnung hatten. Aber es bringt auch Abbrüche früherer Sinnzusammenhänge mit sich. Das Leben gestaltet sich vielfach hektischer, komplexer und oberflächlicher. Neue existenzielle Fragen brechen auf, und um diese Fragen geht es:

» Was gibt mir Halt und Orientierung, wenn alte Zusammenhänge sich auflösen?
» Worauf kommt es an, wenn vieles gleich-gültig ist?
» Was verleiht meinem Leben Bedeutung, wenn ich in der Masse kaum erkennbar bin?

Sinnüberzeugungen lassen sich nicht mehr ohne Weiteres aus den überlieferten Religionen ableiten. Jahrtausendelang lieferten sie die Weltanschauung für die Menschen. Sie konnten ihr Leben durch die Religion in ein vorgegebenes Sinngefüge einordnen. Es gab Vorstellungen, wie ein „gottwohlgefälliges Leben" auszusehen hatte. Solche Vorstellungen tragen heute nicht mehr. Naturwissenschaftlich aufgeklärte Menschen verstehen sich heute eher als religiöse Skeptiker. Die Kirchen als Sinnagenturen leeren sich zusehends. Auch die Philosophien geben keine eindeutigen Antworten auf die Sinnfrage. Konsum und Kommerz haben diese Fragen völlig ausgeblendet.

Wem jedoch der Sinn fehlt in dem, was er tut und lässt, der wird auch keine Kraft verspüren, sein Leben aktiv zu gestalten. Der Sinn des Lebens kann allerdings weder vorschnell noch allgemein verbindlich oder dogmatisch beantwortet werden. Sinn kann nicht verschrieben und verordnet, sondern nur beschrieben und aufgezeigt werden. Wir müssen diese Frage persönlich zulassen, individuell beantworten und leben.

Ich bin jedoch der Überzeugung, dass es überzeitlich gültige Kriterien gibt, um seinen persönlichen Sinn zu entdecken. Der oder die Einzelne ist herausgefordert, sich selbst auf die Suche, auf den Weg zu machen, um seine eigene Antwort zu finden. Insofern lade ich Sie ein, Ihren individuellen Sinn zu entdecken, bewusst wahrzunehmen, zu gestalten und ihn nicht allein den Umständen und anderen Menschen zu überlassen.

Dieses Buch wendet sich an Menschen, die für sich in ihrem Lebensabschnitt die Frage nach dem Sinn neu klären wollen oder die danach fragen, welche Bedeutung ihr Leben in seiner Gesamtheit hat. Es ist gedacht als ein Hilfsmittel zur persönlichen Sinnkompetenz und Sinnerweiterung. Mit Ihnen gemeinsam möchte ich mich auf die Suche machen nach dem, was dem Leben Sinn verleihen kann. Die Fragen, die wir uns dabei stellen, sind:

**Sinn kann nicht verschrieben und verordnet, sondern muss persönlich entdeckt werden.**

» Welche Kriterien müssen bei der Sinnsuche berücksichtigt werden?
» Ist ein übergeordneter Sinn notwendig?
» Welche Sinnperspektive bietet der christliche Glaube?

So eine Suche ist wie eine Entdeckungsreise, wie eine Bergwanderung: Ein Wanderer hat sich zum Ziel gesetzt, einen Gipfel zu besteigen. Karten, Kompass, Kleidung und Proviant gehören zu seiner Ausrüstung. Vor der Tour legt er Kriterien für die Route fest und trifft Entscheidungen: Welche Zeit brauche ich zu der Wanderung? Welche Route möchte ich gehen? Wie sind die Eigenheiten des Geländes? Als er sich auf den Weg macht, erlebt er wunderbare Landschaften, die atemberaubende Schönheit der Bergwelt. Er geht auf breiten, ausgetretenen Wegen und entdeckt die Vielfalt der Natur. Einige Mitreisende kommen dazu, die sich dann aber wieder verabschieden, wenn die Wege auseinandergehen. Ein paar Wege erweisen sich als Holz- oder Irrwege, sodass er umkehren muss. Unterwegs schmerzen seine Beine und Plätze laden zum Erholen ein. Der Aufstieg ist beschwerlich, manchmal sogar gefährlich. Sein Schwung erlahmt und seine Glieder fangen an zu schmerzen. Zeitweise verliert er sogar das Ziel aus den Augen. Er muss innehalten, um sich zu besinnen, um Kraft zum Durchhalten zu schöpfen. Er schaut auf Kompass und Landkarte oder vielleicht auch auf sein GPS-Handy, dass ihm seine genaue Position sagt, um sich neu zu orientieren. Dann taucht das Ziel wieder klar und deutlich vor seinen Augen auf. Es ist nicht mehr weit. Nach allen Anstrengungen bündelt er die Kräfte noch ein letztes Mal, dann hat er den Gipfel erreicht – welch ein Panoramablick! Eine tiefe Befriedigung stellt sich ein: Er hat es geschafft! Die Mühen des Aufstiegs haben sich gelohnt. Es war sinnvoll!

Lassen Sie mich eine Weile Ihr Reisebegleiter sein, der sich im Lesen der Landkarte geübt hat und der Ihnen einige Fragen stellt. Für mich wurde die Frage nach dem Lebenssinn schon früh zu einem persönlichen Lebensthema. Sie begegnete mir zum ersten Mal, als ich 14 Jahre alt war. Mein Vater kam plötzlich und unverschuldet durch einen Verkehrsunfall ums Leben. Am Sarg hinterließ er mir als heranwachsendem Sohn eine Frage: Ist das alles, was ein Mensch nach einem entbehrungsreichen Leben zu erwarten hat? In der Zeit der beruflichen Ausbildung tauchte sie wieder auf: Sind Geld und Karriere es wert, sein Leben dafür zu opfern? Diese Fragen wurden zu einem immer stärkeren Impuls, mich intensiver mit diesem Thema zu befassen. In der Philosophie, Politik und Psychologie suchte ich vergeblich nach Antworten. Ich wurde fündig, wo ich es nicht erwartet hätte – in der Theologie. So folgte ich dieser Spur.

Als Gemeindepastor begegnete ich dann Menschen, die ebenfalls von dieser Frage betroffen waren. Wenn Gemeindeglieder einen Angehörigen verloren hatten, drückten sie ihre Not etwa so aus: „Mir erscheint das alles so sinnlos." Oder: „Welchen Sinn hat mein Leben denn noch?" Derzeit arbeite ich hauptsächlich als Lehrer. Dort treffe ich auf Schüler, die nicht recht wissen, wofür sie sich engagieren, in was hinein sie ihr Leben investieren könnten.

Dieses Buch bietet sich zum persönlichen Gebrauch an und eignet sich darüber hinaus als Leitfaden für Gruppengespräche. Zu jedem der acht Kapitel der Wanderung gibt es einen Text als Grundlage zu einem Gruppengespräch. Jeder Abschnitt unterteilt sich in mehrere Schritte. Nach jedem Schritt werden einige Impulse angegeben, die zum weiteren Nachdenken anregen wollen. Am Ende eines jeden Kapitels sind die Hauptgedanken noch einmal zusammengefasst, die Literaturhinweise können zur Vertiefung der Themen dienen.

Die hier verwendeten Merkmale für eine Sinnsuche stammen einerseits aus dem Buch der Bücher, der Bibel. Andererseits sind viele

Anregungen aus der Logotherapie enthalten, der Sinntherapie nach Viktor E. Frankl. Die beschriebenen Beispiele sind der seelsorgerlichen Praxis entnommen, aber verfremdet dargestellt.

Kommen Sie mit und begleiten Sie mich auf dieser Reise zum Sinn!

# 1. Der Sumpf der Verzweiflung – Krisen

*Welchen Vorteil hat der Mensch von all seinem Besitz, für den er sich anstrengt unter der Sonne? Eine Generation geht, eine andere kommt. Die Erde steht in Ewigkeit. Die Sonne, die aufging und wieder unterging, atemlos jagt sie zurück an den Ort, wo sie wieder aufgeht. Der Wind weht nach Süden, dreht nach Norden, dreht, dreht, weht, der Wind. Weil er sich immerzu dreht, kehrt er zurück, der Wind. Alle Flüsse fließen ins Meer, das Meer wird nicht voll. Zu dem Ort, wo die Flüsse entspringen, kehren sie zurück, um wieder zu entspringen. Alle Dinge sind rastlos tätig, kein Mensch kann alles ausdrücken, nie wird sein Auge satt, wenn es beobachtet, nie wird ein Ohr vom Hören voll. Was geschehen ist, wird wieder geschehen, was man getan hat, wird man wieder tun: Es gibt nichts Neues unter der Sonne. Zwar gibt es bisweilen ein Ding, von dem es heißt: Sieh dir das an, das ist etwas Neues – aber auch das gab es schon in den Zeiten, die vor uns gewesen sind. Nur gibt es keine Erinnerung an die Früheren und auch die Späteren, die erst kommen werden, auch an sie wird es keine Erinnerung geben bei denen, die noch später kommen werden.*

*… Denn jeder Mensch unterliegt dem Geschick und auch die Tiere unterliegen dem Geschick. Sie haben ein und dasselbe Geschick. Wie diese sterben, so sterben jene. Beide haben ein und denselben Atem. Einen Vorteil des Menschen gegenüber dem Tier gibt es da nicht. Beide sind Windhauch. Beide gehen an ein und denselben Ort. Beide sind aus Staub entstanden, beide kehren zum Staub zurück. Wer weiß, ob der Atem der einzelnen Menschen wirklich nach oben steigt, während der Atem der Tiere ins Erdreich hinabsinkt?*
*(Prediger 1,3-11; 3,19-21 EÜ)*

## » Impuls:

» Was drückt dieser Text für Sie aus?
» Wann ist Ihnen die Sinnfrage schon einmal begegnet?

Ich möchte die Wanderung zum Sinn im „Sumpf der Verzweiflung" beginnen, weil die Sinnfrage gerade in Krisenzeiten aufbricht. Sie kann sich indirekt melden in Empfindungen wie Unzufriedenheit, Stress und Frustration. Oder sie bricht offen heraus in Gefühlen von Angst, Ohnmacht, Wut, Trauer und Resignation:

„Was hat das alles noch für einen Sinn?"

„Das Leben hat für mich keinen Sinn mehr."

„Ich kann so nicht mehr weiterleben!"

In einer Krise ist unser körperliches, seelisches und geistiges Gleichgewicht gestört. Das Ungleichgewicht ist durch ein einschneidendes Erlebnis, durch ein unbewältigtes Problem entstanden und fordert uns heraus, es zu überwinden. In der Krise spüren wir, dass das vorhandene Sinnkonzept nicht mehr trägt. Der Faden unseres Sinngefüges, das uns bisher Halt gab, ist gerissen, unsere Identität infrage gestellt und das Selbstwertgefühl angegriffen. Menschen in der existenziellen Sinnkrise haben sogar bisweilen Selbstmordgedanken.

Waltraud ist Anfang 50. Sie lebt sehr zurückgezogen und deprimiert in ihrem Einfamilienhaus. Ihr Mann war vor über einem Jahr plötzlich verstorben. Er war der aktive Partner in der Verbindung und hatte die Verantwortung für die Familie hauptsächlich getragen. Ihr einziger Sohn ist erwachsen und lebt in einer entfernten Stadt. Aufmunternde Ratschläge von Bekannten und Freunden prallen an Waltraud ab. Sie sieht keinen Sinn in ihrem Leben. Ihr fehlt die Perspektive und der Mut, sich auf Neues einzulassen.

**Die Gefährdungen des Lebens kommen meist ungefragt. Neuer Sinn dagegen muss gezielt gesucht werden.**

Viktor Frankl nannte solche Empfindungen der Sinnleere „existenzielle Frustration" oder „existenzielles Vakuum". Sie kennzeichnen das Leiden einer Seele, die ihren Sinn nicht gefunden hat. Solches Leiden sollte man weder bagatellisieren noch mit bloßen Ratschlägen abtun. Der Sinnmangel lässt sich auch nicht in eine neurotische Ecke verweisen. Auch ist die Sinnfrage keine tiefsinnige Gedankenspielerei, auf die es keine verbindliche Antwort gibt. Vielmehr liegt diesem Sinnhunger ein urmenschliches Bedürfnis zugrunde, das eigene Leben in einer Balance, in einem sinnvollen Zusammenhang zu erfahren.

Wer von Krisen geschüttelt ist, braucht häufig eine Entlastung von seinen Aufgaben, einen geschützten Raum, um sich mitzuteilen. Er muss sich umsichtig neu orientieren und Hindernisse konkret überwinden. Jeder braucht seinen individuellen Weg, um die Krise zu überwinden, um eine Wandlung des bisherigen Lebens zu erfahren. Verständnisvolle Begleiter können uns dabei eine Hilfe sein, um Gefühle zu klären, Einsichten zu vermitteln, Entscheidungen zu bedenken und kleine neue Schritte zu unterstützen. Die Gefährdungen des Lebens kommen meist ungefragt. Neue Möglichkeiten dagegen müssen wir gezielt suchen. Vier Kategorien von Krisen möchte ich hier ansprechen:

- Die altersbedingte Krise
- Die biografische Verlustkrise
- Die Krise durch Fehleinstellungen
- Die Beziehungskrise

**» Impuls:**

- Welche Krisen haben Sie bisher erlebt?
- Wie haben Sie diese Krisen erlebt?
- Was hat Ihnen zur Krisenbewältigung in der Vergangenheit entscheidend geholfen?

## Die altersbedingten Krisen

**Die Überwindung der jeweiligen Krise ist Voraussetzung für die gesunde Entwicklung in der darauf folgenden Phase.**

Einige Krisen sind im Leben vorprogrammiert, denn die unvermeidlichen Veränderungen des Lebens zwingen sie uns auf. Die Lebensübergänge des jeweiligen Alters (vgl. S. 62f.) können von Turbulenzen begleitet sein. Die Überwindung der jeweiligen Krise ist aber die Voraussetzung für die gesunde Entwicklung in der darauf folgenden Phase. Jeder Mensch macht etwa sieben solcher krisenhaften Übergänge durch:

- Schon die Geburt stellt eine solche Krise dar. Die Entbindung aus der Welt der Mutter ist zunächst ein körperlicher Akt, der auch von Risiken und Schmerz begleitet ist. Der körperlichen Trennung folgt dann die seelische Loslösung, ohne die es keine eigenständige Persönlichkeitsentwicklung gibt. Der

Grundkonflikt von Abhängigkeit und Autonomie macht sich bei Kindern in der Trotzphase bemerkbar.

- In der Krise der Pubertät kommt die individuelle Selbstbehauptung zum Ausdruck. Das Empfinden der Minderwertigkeit wird kompensiert, der Sexualtrieb will gestaltet werden.
- Im frühen Erwachsenenalter ist die Krise der Identität maßgebend. Der Mensch steckt seinen Lebenshorizont ab und muss für sich und andere die Verantwortung übernehmen.
- Die Krise der Lebensmitte ist die sogenannte Midlife-Crisis. Sie wird dadurch ausgelöst, dass die biologische Leistungskurve überschritten ist, das heißt, dass die ungebremste Vitalität nicht mehr vorhanden ist. Die Differenz zwischen dem ursprünglich Angestrebten und dem tatsächlich Erreichten wird offenbar. Dann taucht die Frage auf: „Sollte das schon alles gewesen sein?" Es entsteht der Wunsch, noch einmal anfangen zu können, bzw. etwas Neues, Außergewöhnliches zu erleben. Stephanie zum Beispiel ist Anfang 40 und äußert verzweifelt: „Ich weiß nicht, was mit mir los ist. Ich bin unzufrieden mit meinem Leben. Ich habe alles, was ich brauche: einen lieben Mann, zwei gesunde Kinder, ein Haus, einen kleinen Job. Wir sind nicht arm. Ich persönlich besitze etlichen Schmuck. Mindestens einmal im Jahr verreisen wir im Urlaub. Und trotzdem fühle ich mich leer und irgendwie sinnlos. Ich nörgele an allem und jedem herum. Ich weiß nicht, was mit mir los ist ..."
  In der Mitte ihres Lebens wird dieser Frau der Lebenssinn fragwürdig. Äußerlich hat sie alles, was sie sich wünscht, doch innerlich ist sie unausgefüllt. Sie stellt sich die Frage: „Produziere ich nicht trotz eines übervollen Kalenders und all der Hektik nur Leerlauf?"
- Die Krise am Ende des Berufslebens kann sich einstellen, wenn der Beruf eine sinnstiftende Tätigkeit war.
- Im Alter häufen sich die Krankheiten und markieren damit die Begrenzung des Lebens.
- Die letzte Krise ist die Sterbenskrise. Biologisch geht es nicht ohne Einschnitte weiter. Die seelisch-geistige Reife kann allerdings gerade hier ihren Höhepunkt erreichen, wenn der Mensch auf inneres Wachstum und Reifung bedacht ist. Neun Monate dauert

die Vorbereitungszeit, um ins Licht dieser Welt zu treten. Siebzig und mehr Jahre kann es dauern, bis er reif ist zum Verlassen dieser Erde. Das muss nicht deprimierend sein, manche Menschen erleben dies in der Haltung einer Vollendung. Ich fragte einmal eine hundertjährige, gebrechliche Frau danach, ob sie ihr Leben als sinnvoll ansieht. Sie erzählte von ihrem harten, entbehrungsreichen Leben, das geprägt war von körperlicher Arbeit, der Vertreibung aus Pommern, dem Wiederaufbau und dem Tod des Ehemannes und teilweise dem Tod ihrer Kinder. Sie lebte trotzdem in einer Haltung tiefer Zufriedenheit: „Ich bin dem lieben Gott dankbar, dass er mich durch so viele Jahre hindurch getragen hat. Nun kann ich auch loslassen, wenn meine Zeit gekommen ist."

Für die krisenhaften Altersübergänge bieten die Volkskirchen jeweils Rituale als Lebenshilfe an: Nach der Geburt erfolgt die Taufe. Die Konfirmation begleitet die Ablösung vom Elternhaus. Die Hochzeit markiert die öffentliche Bindung in der Ehe. In der Lebensmitte bietet sich die Silberhochzeit als eine Station an. Wird sich ein Mensch seiner Versäumnisse und Fehler im Rückblick auf sein Leben bewusst, kann die Beichte eine Entlastung sein. Für den Todesfall kann ein Trauergottesdienst zum Abschied hilfreich sein.

**» Impuls:**

» Wie haben Sie Ihre bisherigen Altersübergänge erlebt?

## Die biografischen Verlustkrisen

Eine Lebensgeschichte verläuft selten gradlinig bergauf. Es gibt Irrwege, Umwege und Abwege. Unsere Lebenskurve kann durch Krankheit, Unfall, Tod eines Angehörigen, Scheidung oder den Verlust eines Arbeitsplatzes einen plötzlichen Knick bekommen. Der Verlust wiegt umso schwerer, wenn mehrere Werte betroffen sind. Sven zum Beispiel war Anfang 40 und Familienvater von 4 Kindern. Wegen einer lebensbedrohlichen Erkrankung musste er mehrere Wochen ins Krankenhaus. Kaum war er wieder genesen und halbwegs arbeitsfähig, erfuhr er, dass sein Arbeitgeber in die Insolvenz ging, und er wurde arbeitslos. Das Haus war noch nicht abbezahlt.

In jedem solcher Verluste wird uns die Brüchigkeit unseres Lebens deutlich. Wir trauern regelrecht, und diese Trauer kann in Phasen verlaufen: Wir wehren uns, indem wir zunächst den Verlust nicht wahrhaben wollen und leugnen. Dann machen sich Gefühle wie Wut, Angst, Schmerz, Schuldgefühle, Hilflosigkeit und Depression bemerkbar. Es braucht häufig eine gewisse Zeit, bis wir die Realität des Verlustes annehmen können. Schließlich stellt sich uns die Aufgabe, nach einer Neuorientierung im Leben zu suchen. Wir gehen neue Schritte, bis sich ein neues Gleichgewicht einstellt.

**Die Realität des Verlustes annehmen können**

**» Impuls:**

» An welche biografische Verlust- und Krisensituation erinnern Sie sich?

## Die Krise durch Fehleinstellungen

Zum menschlichen Leben gehört, dass wir Herausforderungen erleben, denen wir nicht gewachsen sind. Das ist nicht nur eine Frage des Könnens und Wollens oder der Überforderung, dem kann auch eine fehlerhafte Einstellung zugrunde liegen. Ein Mensch kann zum Beispiel trotz besseren Wissens gegen sich selbst gerichtet sein. Manche Menschen handeln autoaggressiv gegen ihre eigene Gesundheit, indem sie rauchen, sich pausenlos überarbeiten oder zu viel essen. Solchen Verhaltensweisen liegen Fehleinstellungen zugrunde, die uns hindern, echten Sinn zu finden. Eine solche innere Barriere kann zum Beispiel ein Minderwertigkeitsgefühl sein. Egal, wodurch das Selbstwertgefühl beeinträchtigt wurde, es wird sich immer zwischen den betroffenen Menschen und das Leben stellen. Entweder wird er sich nicht wirklich dem Leben stellen, weil er meint, er sei ohnehin nichts wert. Oder er wird alles daran setzen, um seinen Selbstwert zu erfahren. Doch das Gefühl eines sinnerfüllten Lebens stellt sich nicht nachhaltig ein. Um das seelische Gleichgewicht zu halten, setzen Menschen ihre Abwehrmechanismen ein. Solch ein Abwehrmechanismus kann zum Beispiel das Ignorieren der Krise sein oder die Verschiebung der Schuld auf andere, aber auch die Ablenkung auf eine Ersatzbefriedigung. Solch ein Abwehrmechanismus ist an sich noch nicht ungesund, wenn er nicht die Veränderung und Wandlung zu einem Neuanfang verhindert. Wird er zu einer starren Lebenshaltung, dann blockiert er den Lebensfluss und damit die Sinnentfaltung. Schon Blaise Pascal wies auf dieses Paradox hin: „Es ist fraglos ein Übel, voller Fehler zu sein, aber es ist ein noch größeres Übel, es zu sein und sie nicht kennen zu wollen, weil das heißt, dass man ihnen willentlich noch den Betrug hinzufügt."

**Die Krise eröffnet die Sehnsucht nach einem neuen Anfang, nach einem schöpferischen Sprung.**

Solche Abwehrmechanismen können individueller wie auch gesellschaftlicher Art sein. Ein individueller Abwehrmechanismus wäre die Leugnung eines Problems oder die Fixierung auf die Opferrolle im Selbstmitleid („Immer ich?"). Gesellschaftlich tolerierte Abwehrmechanismen sind zum Beispiel der permanente Erlebnishunger und die Betäubung durch Konsum und Suchtmittel. Der Psychologe Fritz Künkel behauptet: „Keiner erlebt eine bemerkenswerte Veränderung seiner Persönlichkeit oder Lebenssituation, bis er nicht durch einen Schmerz dazu motiviert wird."

Diese Feststellung wird durch die Erfahrung unterstrichen, dass Krisen sich häufig bis zu einer Zuspitzung verdichten. Solange wir um unsere Verletzungen kreisen, bleiben wir gefangen im Schmerz. Erst wenn wir den Schmerz intensiv fühlen und den Leidensdruck wahrnehmen, verhilft er uns zu der Einsicht: „So kann es nicht weitergehen!" Die Krise eröffnet uns die Sehnsucht nach einem neuen Anfang, nach einem schöpferischen Sprung.

### » Impuls:

» Wo stehen Sie in Gefahr, durch Fehleinstellungen immer wieder Krisen zu provozieren?

## Die Beziehungskrisen

Die polare Spannung von Mann und Frau schafft Beziehung und wirkt sinnstiftend. Je näher sich Menschen jedoch innerlich kommen, um so mehr können sie sich gegenseitig verletzen. Das gilt für die Herkunftsfamilie wie für die Partnerschaft. Diese ursprüngliche Gemeinschaft ist heute einem gesellschaftlich bedingten Druck ausgesetzt wie z.B. dem beruflichen Leistungsdruck, der Notwendigkeit ausreichenden finanziellen Einkommens, den individualisierten Lebensstilen, der sexuellen Freizügigkeit, der Emanzipation der Frau und der Identitätskrise des Mannes. Die Möglichkeiten für Konflikte nehmen zu und viele Partnerschaften zerbrechen. Harald und Elke zum Beispiel bilden zusammen mit ihren vier Kindern eine Patchworkfamilie. Beide sind berufstätig. Harald ist durch seinen Beruf häufig unterwegs. Elke arbeitet halbtags. Die Kinder sind noch in der Schule. Für eine ausführliche Kommunikation bleibt nur wenig Zeit. Ihre unterschiedlichen Erwartungen und Ansprüche prallen aufeinander, ihre anfängliche Liebesbeziehung leidet und beide kommen zu der Überzeugung, dass es so nicht weitergehen kann, bis sie sich bei einer Partnerschaftsberatung anmelden. Leider war ihre Beziehung nicht mehr zu heilen. Es gibt Situationen, da ist auch der beste Ehetherapeut überfordert und der Ausweg besteht nur noch in der Trennung.

### » Impuls:

» Welche Beziehungen sind in Ihrem Leben durch Krisen gestärkt, welche Beziehungen sind zerbrochen?

## Chance oder Niederlage?

Eine Krise zerbricht das bisher vorhandene Sinnkonzept. Sie kann sich zu einer grundlegenden Lebenskrise ausweiten. Die Frage, wie wir in so einer Situation weiterleben wollen und können, verlangt nach einer Besinnung auf einen neuen Sinn, damit sich Zufriedenheit, Freude und Glück wieder einstellen können.

Das griechische Wort „Krisis“ heißt übersetzt „Scheidung“. Eine

Scheidung vollzieht sich, weil der Ausgang der Krise entweder in einem Neuanfang und Wachstum oder im Scheitern und Aufgeben bestehen kann. Jede Krise hat somit nicht nur Gefahren, sondern auch ihre Möglichkeiten.

Krisen haben ihre Ursache, ihren Auslöser und ihren kritischen Punkt, an dem es zu einem schöpferischen Umschwung oder zum Scheitern kommen kann. Alte stabilisierende Verhaltensmuster greifen nicht mehr, wir müssen sie loslassen und neue Wege gehen. Wir bleiben lebendig und seelisch gesund, wenn wir uns dieser Tatsache stellen, die Herausforderung annehmen, Altes loslassen und Neues aktiv empfangen.

**Aufrechtes Leiden: eine Leistung, die nicht unterschätzt werden darf**

Unbewältigte Krisen können sich als Belastung durch das ganze Leben hindurchziehen. Aus einer bewältigten Krise dagegen können wir gereift herausgehen und sie kann eine Basis werden, um neue Herausforderungen zu meistern. Viktor Frankl sagt: „Wie oft sind es die Ruinen, die den Blick freigeben auf den Himmel."

Er meint damit, dass sich neue Horizonte eröffnen und betont, dass aufrechtes Leiden eine Leistung ist, die nicht unterschätzt werden darf. Bis zu einem schöpferischen Neuanfang ist es meistens ein weiter Weg. Frankl weist darauf hin: „Nicht im Dass, im Wie des Leidens liegt der Sinn des Leidens – wie man es trägt. Wer sein Schicksal für besiegelt hält, ist außerstande, es zu besiegen."

Der israelische Maler und Bildhauer Yehuda Bacon kam als Junge nach Auschwitz. Er fasste seine Erfahrungen zusammen: „Als Knabe dachte ich, ich werde der Welt schon sagen, was ich in Auschwitz gesehen habe – in der Hoffnung, die Welt würde einmal eine andere werden. Aber die Welt ist nicht anders geworden, und die Welt wollte nichts von Auschwitz hören. Erst viel später habe ich wirklich verstanden, was der Sinn des Leidens ist. Das Leiden hat nämlich dann einen Sinn, wenn du selbst ein anderer wirst."

**» Impuls:**

- » Wo ist in Ihrem Leben durch Krisen hindurch etwas konstruktives Neues entstanden?
- » Was halten Sie von der Aussage Yehuda Bacons?

## » Zusammenfassend halten wir fest:

- Krisen gehören zum Leben dazu.
- Sie zerstören das bisherige Sinngefüge.
- Krisen fordern zur Veränderung heraus.
- An Krisen können Menschen wachsen oder scheitern.

## » Literaturhinweise:


- Verena Kast: *Der schöpferische Sprung*, München 1989.
- Dies.: *Lebenskrisen werden Lebenschancen*, München 2000.

# 2. Die Ortsbestimmung – Wer ist der Mensch?

*Da formte Gott, der Herr, den Menschen aus Erde vom Ackerboden und blies in seine Nase den Lebensatem. So wurde der Mensch zu einem lebendigen Wesen.*
*(1. Mose 2,7 EÜ)*

*Herr, unser Herrscher, wie gewaltig ist dein Name auf der ganzen Erde; über den Himmel breitest du deine Hoheit aus. Aus dem Mund der Kinder und Säuglinge schaffst du dir Lob, deinen Gegnern zum Trotz; deine Feinde und Widersacher müssen verstummen. Seh ich den Himmel, das Werk deiner Finger, Mond und Sterne, die du befestigt: Was ist der Mensch, dass du an ihn denkst, des Menschen Kind, dass du dich seiner annimmst? Du hast ihn nur wenig niedriger gemacht als Gott, hast ihn mit Herrlichkeit und Ehre gekrönt. Du hast ihn als Herrscher eingesetzt über das Werk deiner Hände, hast ihm alles zu Füßen gelegt: All die Schafe, Ziegen und Rinder und auch die wilden Tiere, die Vögel des Himmels und die Fische im Meer, alles, was auf den Pfaden des Meeres dahin zieht. Herr, unser Herrscher, wie gewaltig ist dein Name auf der ganzen Erde.*
*(Psalm 8 EÜ)*

**» Impuls:**

» Was können Sie von diesen Versen über das Menschsein lernen?

Wer eine Bergwelt erwandern will, muss sich vorher kundig machen. Die Entfernung, die Höhenunterschiede und Steigungen müssen beachtet werden.

Die grundlegenden Überlegungen gelten auch bei der Erkundung von Lebenssinn. Auf welcher Ebene suchen wir Sinn?
Der Mensch ist sich selbst ein Rätsel, das sein eigenes Begreifen übersteigt. Wir können das Menschsein unter biologischen, psychologischen, soziologischen, historischen, ästhetischen und anderen Ge-

sichtspunkten beschreiben. Das Geheimnis des menschlichen Daseins ist damit nicht hinreichend gelüftet. Dennoch liegen im Menschen selbst die Kriterien für die Sinnerfüllung.

Die Bibel vermittelt eine Sicht über die Erschaffung des Menschen und deutet dieses Geheimnis sehr anschaulich in der Bildersprache des Hebräischen an. Danach ist der Mensch einerseits von der Erde genommen und empfängt andererseits die Lebensenergie, den Geist von Gott. Michelangelo hat in dem Bild „Die Erschaffung Adams" (1511/12) in der Sixtinischen Kapelle wunderbar zum Ausdruck gebracht, wie dem schon vorhandenen Leib durch den „Finger Gottes" der Lebensgeist, die Lebenskraft zugeeignet wird. Demzufolge ist der Mensch eine Synthese, etwas Zusammengesetztes aus Materie und Geist. Wie das Wasser eine Synthese von Wasserstoff und Sauerstoff ist, so erschließt sich das Menschsein unter diesen beiden Perspektiven. Um die Sinn-Möglichkeiten deutlicher zu erkennen, lassen Sie uns zunächst dem Ratschlag des Faust folgen:

**Der Mensch: sich selbst ein Rätsel**

*Wer will was Lebendigs erkennen und beschreiben,*
*sucht erst den Geist heraus zu treiben.*
*Dann hat er die Teile in seiner Hand.*
*Fehlt leider! nur das geist'ge Band.*
*(Goethe, Faust)*

**» Impuls:**

- » Kennen Sie Beispiele dafür, dass Sie sich manchmal selbst ein Rätsel sind?
- » Haben Sie auch den Zwiespalt empfunden, dass „der Geist willig ist, aber das Fleisch schwach"?

## Der Körper

In Bezug auf seine Körperlichkeit ist der Mensch mit dem Erdreich, den Pflanzen und Tieren verwandt. Er ernährt sich nicht nur von der Erde, sondern er zerfällt nach seinem Sterben auch wieder zu den

Bestandteilen der Erde. Auf drastische Weise heißt es in der Bibel: „Denn Staub bist du, zum Staub musst du zurück" (1. Mose 3,19 EÜ).

Zu unserer Körperlichkeit gehören nicht nur die Bedürfnisse nach Nahrung und Schlaf, sondern auch die Triebe wie der Überlebenstrieb, Sexualtrieb, Macht- und Besitztrieb. Diese Triebe sind Antrieb für unsere Art- und Lebenserhaltung. Unser Leib bildet mit seinen Sinnen zunächst die Grundlage unserer Sinnerfahrung: das Schauen des Schönen, das Hören des Klanges, das Schmecken der Speise, das Riechen des Duftes, das Berühren eines Körpers. Die Öffnung der Sinne für die Natur lässt das Leben erspüren und Momente des Glücks entstehen. Wir empfinden Lust und Sinn an dem, was uns sinnlich wohltut vor aller Reflexion und Deutung. Sinnerfahrung auf der körperlichen Ebene ist an die Sinneserfahrung von Sehen, Hören, Schmecken, Riechen und Tasten gebunden. Sinnen-loses Dasein wird zum sinnlosen Leben.

**Sinnen-loses Dasein wird zum sinnlosen Leben.**

**» Impuls:**

» Wie bewusst leben Sie die „sinnlichen Erfahrungen" mit Ihren fünf Sinnen?

## Der Geist

Ein Mensch ist mehr als Materie, als das, was er isst – er „lebt nicht vom Brot allein" (Matthäus 4,4). Er ist zwar ein biochemisches Zellgewebe, aber eben mehr als das. Würden wir ihn darauf reduzieren, würden wir ihn zu einer physikalischen, biochemischen Maschine machen. So können Eltern zwar die Chromosomen hergeben, aber das Leben selbst verleihen können sie nicht. Grundlegend für das Menschsein ist die Dimension des Geistes. So kann sich der Mensch im Unterschied zum Tier von seinen Trieben distanzieren. Er kann um eines höheren Zieles willen auf seine Bedürfnisse verzichten. Diese Fähigkeit schenkt uns der Geist. Geist ist nicht zu verwechseln mit dem vernünftigen Denken, dem Intellekt. Geist ist das Spezifische, das uns Menschen die

Würde verleiht, die uns eine Ausrichtung unseres Lebens ermöglicht. Aus diesem Geist empfangen wir unsere Lebendigkeit und haben Anteil an Gottes Geist. In Psalm 8 wird darauf verwiesen: „Du hast den Menschen wenig niedriger gemacht als Gott."

**Der Geist drückt sich durch den Körper aus wie der Musiker durch sein Instrument.**

Bevor der Mensch ins Leben tritt, ist er in Gottes Gedanken schon da. In Psalm 139,16 betont der Beter: „Deine Augen sahen mich, als ich noch nicht bereitet war." Dass wir nicht nur von dieser Erde sind, unterstreicht Prediger 3,11: „Gott hat alles schön gemacht zu seiner Zeit. Auch hat er die Ewigkeit in des Menschen Herz gelegt."

Im jüdischen Talmud wird erzählt, dass die Schutzengel das Neugeborene vor seiner Geburt auf den Mund küssen, damit es vergisst, was es zuvor gesehen hat. In der griechischen Philosophie spricht man von einer „platonischen Amnesie", einem Vergessen, das erst durch mühsames Lernen und Erinnern überwunden werden kann.

Was Geist ist, kann der Mensch nur indirekt erfahren. Geist selbst lässt sich genauso wenig wie Gott definieren. „Gott ist Geist" (Johannes 4,24), betonen die Schriften des Alten und Neuen Testaments und deuten darauf hin, dass Gott das zentrale Geheimnis des Menschen ist. Auf vielfache Weise kann Geist erfahren werden:

» als Bewusstsein des Menschen über sich selbst,
» als Intuition für das Wahre,
» als Kreativität und Sinn für das Schöne,
» als Gewissen zur Unterscheidung von Gut und Böse,
» als Bedürfnis nach Selbstentfaltung,
» als Religion, als Rückbindung an eine Transzendenz,
» als Fähigkeit zur Freiheit und zu Verantwortung,
» als Sehnsucht nach Sinn.

All diese Äußerungen des Geistes lassen uns Menschen über unsere rein körperlichen Bedürfnisse hinauswachsen und Sinn erfahren. Auf der Ebene des Geistes fragt ein Mensch nach dem Gesamtzusammenhang seines Lebens. Der Geist ermöglicht uns, unserem Leben eine Ausrichtung zu geben. Insofern sprechen wir von einer Gesinnung. Er will sich durch Seele und Leib in dieser Welt ausdrücken wie ein Musiker durch sein Instrument.

**» Impuls:**

- » „Jeder Mensch hat etwas, das ihn antreibt.“ – Das so werbende Kreditinstitut möchte zu einer bewussten Reflexion anregen, was Menschen bewegt und motiviert, und dann die Finanzen für mögliche Investitionen in diese Dinge zur Verfügung stellen. Die Frage ist über die finanztechnischen Überlegungen hinaus sehr wichtig: Was treibt Sie an?

## Die Seele

Wenn der Kern eines Menschen der Geist ist, dann entfaltet sich dieser durch das Fühlen, Denken und Wollen. Das bezeichnen wir allgemein als Seele. Diese Seele steht für das Ich eines Menschen in seiner Einmaligkeit. Sie äußert sich einerseits körperlich, z.B. in hirnphysiologischen Prozessen. Andererseits lässt sie sich aber nicht auf den Körper reduzieren. Die Psyche nimmt eine Brückenfunktion zwischen Körper und Geist wahr. Sie ist die Mittler- und Entscheidungsinstanz eines Menschen. Sie trifft als Person die Wahl und gibt Antworten auf die Herausforderungen des Lebens. Sie ist die verborgene Innenseite des äußeren Menschen. Wenn die körperlichen Triebe treiben und der Geist zieht, dann muss sich das „Ich“ entscheiden, was es ausleben will. Die Gabe der Freiheit ist grundlegend für die Verantwortung des Menschen (vgl. 5. Mose 30,19f.). Zu psychischen Bedürfnissen gehören zum Beispiel das Vertrauen und die Geborgenheit, Sicherheit und Geltung, Anerkennung und Achtung, Zuversicht und Liebe. Sinnerfahrung auf der seelischen Ebene muss diese Bedürfnisse berücksichtigen.

**Die Seele: die verborgene Innenseite des äußeren Menschen**

Der Psychologe Abraham Maslow hat in seiner bekannten Bedürfnispyramide die Hierarchie der seelischen Bedürfnisse dargestellt. An der Basis stehen zunächst die Bedürfnisse nach Selbsterhaltung (Hunger, Durst, Wärme, Wohlbefinden). Darüber hinaus gehen auf der zweiten Stufe die Bedürfnisse nach Sicherheit (Schutz, Ordnung, Stabilität). Auf der dritten Stufe stehen die Bedürfnisse nach Beziehung (Zuwendung, Nähe, Zugehörigkeit, Geborgenheit). Auf der vierten Stufe steht der Wunsch nach Anerkennung (Erfolg, Wert-

schätzung, Status). An der Spitze der Pyramide steht das Bedürfnis nach Selbstverwirklichung. Sie ist der individuelle Ausdruck der Person in diese Welt hinein.

Hinsichtlich der Selbstbestimmung des Menschen findet sich in der Bibel ein interessanter Hinweis. Danach überließ Gott es dem Menschen, den Tieren ihren Namen zu geben: „Und Gott brachte die Tiere zu dem Menschen, dass er sähe, wie der Mensch sie nennte; denn wie der Mensch jedes Tier nennen würde, so sollte es heißen" (1. Mose 2,19).

Die Namen sind nicht beliebig, sondern drücken die Bedeutung aus, welche ein Tier für den Menschen hat. Der Mensch legt durch die Namensgebung die Bedeutung der Tiere von sich aus fest. Ebenso hat der Mensch die Freiheit zu entscheiden, welche Bedeutung und welche Ausrichtung er seinem Leben verleihen will.

**» Impuls:**

» Kennen Sie Beispiele dafür, dass es zeitweise unterschiedliche Bedürfnisse des Körpers, der Seele und des Geistes gibt?

## Die Einheit

Der Mensch ist also eine Einheit aus drei unterschiedlichen Seinsebenen – Körper, Seele, Geist. Zu diesen unterschiedlichen Seinsebenen gehören auch die unterschiedlichen Bedürfnisse, die sich wechselseitig beeinflussen. So gleicht der Mensch einem Raum mit drei Türen. Je nachdem, durch welche Tür der Raum betreten wird, eröffnet sich ein anderer Aspekt. Ein symbolischer Vergleich mag das veranschaulichen: Der Jerusalemer Tempel gilt als grundlegendes Muster für die christlichen Kirchen. Dieser Tempel ist eine Einheit und doch dreigeteilt (Vorhof, Heiligtum, Allerheiligstes). Die Symbolik der dreigliedrigen Einheit gilt auch für den Menschen: Der Mensch könnte mit seinen Seinsebenen von Körper, Seele und Geist als der eigentliche Tempel Gottes verstanden werden. Die Frage nach einer ganzheitlichen Sinnerfüllung muss auf allen Sinnebenen des Menschen beantwortet werden – Geist, Seele, Körper.

**Ganzheitliche Sinnerfüllung muss Körper, Seele und Geist umfassen.**

### » Impuls:

Geist, Körper, Seele – sind drei Aspekte in einer Person. Sie bringen ihre unterschiedlichen Bedürfnisse und Perspektiven zu einem Thema zum Ausdruck. Überlegen Sie – oder, wenn Sie dieses Buch in einer Gruppe lesen, können Sie auch diskutieren oder ein Rollenspiel machen:

- » im Alter von 20 Jahren: Welche Berufsziele habe ich?
- » im Alter von 40 Jahren: Ist das schon alles?
- » im Alter von 60 Jahren: Was hat sich wirklich gelohnt?

### » Zusammenfassend halten wir fest:

- » Der Körper, der sichtbare Ausdruck einer Person, ermöglicht sinnliche Sinnerfahrung.
- » Die Seele, die Ich-Instanz, vermittelt dem Individuum seine sinnhafte Bedeutung.
- » Der Geist ist der Richtungssinn und verleiht dem Sinn einen Gesamtzusammenhang.

» Sinn erfahren wir also auf körperlicher, seelischer und geistiger Ebene.

## » Literaturhinweise:

» Irmtraud Tarr: *Leben macht Sinn*, Freiburg 2010.
» Elisabeth Lukas: *Der Seele Heimat ist der Sinn*, München 2005.
» Dies.: *Spannendes Leben*, München 2003.

# 3. Die Wegweiser – Werte

*Ich bin der HERR, dein Gott, der ich dich aus Ägyptenland, aus der Knechtschaft, geführt habe. Du sollst keine anderen Götter haben neben mir.*

*Du sollst dir kein Bildnis noch irgendein Gleichnis machen, weder von dem, was oben im Himmel, noch von dem, was unten auf Erden, noch von dem, was im Wasser unter der Erde ist: Bete sie nicht an und diene ihnen nicht! Denn ich, der HERR, dein Gott, bin ein eifernder Gott, der die Missetat der Väter heimsucht bis ins dritte und vierte Glied an den Kindern derer, die mich hassen, aber Barmherzigkeit erweist an vielen Tausenden, die mich lieben und meine Gebote halten.*

*Du sollst den Namen des HERRN, deines Gottes, nicht missbrauchen; denn der HERR wird den nicht ungestraft lassen, der seinen Namen missbraucht.*

*Gedenke des Sabbattages, dass du ihn heiligest. Sechs Tage sollst du arbeiten und alle deine Werke tun. Aber am siebenten Tage ist der Sabbat des HERRN, deines Gottes. Da sollst du keine Arbeit tun, auch nicht dein Sohn, deine Tochter, dein Knecht, deine Magd, dein Vieh, auch nicht dein Fremdling, der in deiner Stadt lebt. Denn in sechs Tagen hat der HERR Himmel und Erde gemacht und das Meer und alles, was darinnen ist, und ruhte am siebenten Tage. Darum segnete der HERR den Sabbattag und heiligte ihn.*

*Du sollst deinen Vater und deine Mutter ehren, auf dass du lange lebest in dem Lande, das dir der HERR, dein Gott, geben wird.*

*Du sollst nicht töten.*

*Du sollst nicht ehebrechen.*

*Du sollst nicht stehlen.*

*Du sollst nicht falsch Zeugnis reden wider deinen Nächsten.*

*Du sollst nicht begehren deines Nächsten Haus. Du sollst nicht begehren deines Nächsten Weib, Knecht, Magd, Rind, Esel noch alles, was dein Nächster hat.*

*(2. Mose 20,1-17)*

**» Impuls:**

- » Welche Werte werden in den einzelnen Geboten geschützt?
- » Wie werden diese Werte im gesellschaftlichen Leben wahrgenommen?
- » Welche Bedeutung haben diese Werte in Ihrem persönlichen Leben?

Wer bei einer Wanderung unterwegs ist, für den ist es wichtig, auf den richtigen Weg zu achten. Vorhandene Wegweiser können dazu eine gute Hilfe sein. Bei solchen Wegweisern handelt es sich um Werte. Zunächst richtet sich alles menschliche Streben auf die Befriedigung der Bedürfnisse. Werden diese Bedürfnisse nicht gestillt, so stellt sich Mangel ein. Je größer der Mangel empfunden wird, desto wertvoller ist das Erstrebte. Diese Erkenntnis stammt ursprünglich aus der Ökonomie, wo man vom „Tauschwert" oder „Gebrauchswert" spricht. Durch die Wertphilosophie (Max Scheler) wurde dies auf die geistigen Werte übertragen. Heute wenden wir den Wertbegriff ganz selbstverständlich auf die Grundwerte und den Wertewandel an. Werte konkretisieren sich dabei für Menschen in Zielen, egal ob sie materieller oder emotionaler, sozialer oder geistiger Natur sind. Viktor Frankl weist darauf hin, dass das Streben nach Werten und die Verwirklichung von Zielen sinnstiftend wirken: „Ein Ziel haben ist die größte Triebkraft im Leben eines Menschen." Frankl betont im Gegensatz zu Siegmund Freud, der den Willen zur Lust hervorhob, und im Gegensatz zu Alfred Adler, der den Willen zur Macht unterstrich, dass es im Menschen einen unbedingten Willen zum Sinn gibt. Dieser Wille zum Sinn orientiert sich an Werten. Frankl sagt: „Zum Wesen des Menschen gehört das Hingeordnet- und Ausgerichtetsein, sei es auf etwas, sei es auf jemand, sei es auf ein Werk oder einen Menschen, auf eine Idee oder auf eine Person." Er unterteilt die Werte in drei Kategorien:

- » *Erlebniswerte* beziehen sich auf Erlebnisse, die zu bedeutungsvollen Erfahrungen werden, zum Beispiel eine Reise in ein fremdes, unbekanntes Land oder die Faszination eines Konzertbesuches. Kinder und Enkelkinder können für (Groß-)Eltern einen Erlebniswert darstellen.
- » *Schaffenswerte* werden von einem Menschen durch seine Arbeit gesetzt. Indem er etwas Sinnvolles gestaltet, drückt er sich selbst

in diese Welt hinein aus. Dabei kann es sich z.B. um ein bestandenes Examen, den Bau eines Eigenheimes oder die Begleitung von Kindern in die Selbstständigkeit handeln.

» *Einstellungswerte* sind die Einstellungen zur jeweiligen Lebenssituation. Das Leben stellt den Menschen vor große Herausforderungen. Nicht allein die Tatsachen an sich, sondern auch die Einstellung zu diesen Herausforderungen beeinflussen das Leben. Wir können uns den Werten versagen oder sie bereitwillig annehmen. Krisen müssen wir als Herausforderungen begreifen, die Reifung im Leben will aktiv gestaltet werden. So muss zum Beispiel der Wert „Toleranz“ errungen werden angesichts des Fremden. Gelassenheit und Mut sind Werte, die nicht jedem in den Schoß fallen, sondern um die wir uns bemühen müssen.

Die Erlebnis- Schaffens- und Einstellungswerte schaffen eine Sinnorientierung. Alle drei Wertkategorien stehen aber auch in einem zeitgeschichtlichen, religiösen und kulturellen Zusammenhang. So sind Werte wie Klimaschutz oder ökologische Nachhaltigkeit unseren Vorfahren kaum wert-voll gewesen. Der Wert „Sicherheit“ hat in Deutschland eine andere Bedeutung als in Somalia. Werte wie Glück und Lust, Macht und Besitz, Pflicht und Freiheit füllen sich in unterschiedlichen Kontexten jeweils inhaltlich anders.

**Der Verlust der traditionellen Werte stellt uns vor die Herausforderung, Prioritäten in einer Wertehierarchie zu setzen.**

Der Verlust der traditionellen Werte und die individuelle Freiheit stellen den Einzelnen vor die Herausforderung, Prioritäten in einer Wertehierarchie zu setzen. Dabei kann es zu einem Wertekonflikt kommen, wenn sich die erstrebten Werte widersprechen. Zu mir in die Beratung kommt Joachim, 58 Jahre alt und verheiratet. Die beiden erwachsenen Kinder sind aus dem Haus. Nun hat er sich bis über beide Ohren in eine jüngere Frau verliebt und mit ihr ein Verhältnis angefangen. Er ist hin und her gerissen. Soll er sich der neuen Liebe hingeben und alles bisher Erworbene aufs Spiel setzen? Seine Ehefrau merkt natürlich, dass er fremdgeht. Der Konflikt zerreißt ihn, er kann sich nicht entscheiden. Im Gespräch benennt er die Defizite seiner bisherigen Ehe und wird sich der Sehnsüchte hinsichtlich seiner Geliebten bewusst. Schlussendlich kann er sein Innenleben seiner Frau offenbaren. Beide vereinbaren, an der Beziehung zu arbeiten, und Joachim beendet die Beziehung zu der jüngeren Frau.

Viktor Frankl stellt fest: „Im Gegensatz zum Tier sagen dem Menschen keine Instinkte, was er muss; dem Menschen von heute sagen keine Traditionen mehr, was er soll; und oft scheint er nicht mehr zu wissen, was er will." Wir leben in einer offenen, freiheitlichen, auf das Individuum ausgerichteten Gesellschaft mit einem entsprechenden Wertepluralismus. Für den gesellschaftlichen Zusammenhalt brauchen wir andererseits aber auch einen Wertekonsens, einen Gemeinsinn. Aus diesem Grund ist in einer demokratischen Gesellschaft ein hohes Maß an Wertebewusstsein und die Kommunikation darüber notwendig.

**» Impuls:**

- » Welche Erlebnis-, Schaffens- und Einstellungswerte stehen für Sie derzeit im Vordergrund?
- » Was ist derzeit der wichtigste Wert in Ihrem Leben?
- » Gibt es einen Wert, der Ihnen immer bedeutsamer wird?
- » In welchen Wertekonflikten stehen Sie?

## Die Milieus

Die Familie prägt als kleinste gesellschaftliche Einheit auch heute noch wesentlich den Lebensstil. Das Wert-, das Arbeits- und Konsumverhalten, die Lebensziele werden durch die Familie weitergegeben. Früher unterschied man eine Gesellschaft grob in die *Unter-*, *Mittel-* und *Oberschicht*. Heute haben Soziologen diese in sozialen Milieus weiter ausdifferenziert. Das Marktforschungsinstitut „Sinus Sociovision" hat dieser Dimension eine weitere hinzugefügt, und zwar eine horizontale Achse von *Tradition*, *Modernisierung/Individualisierung* und *Neuorientierung* und unterscheidet in dem dadurch entstandenen Koordinatensystem zehn verschiedene Milieus[1]:

Die „Konservativ-Etablierten" verkörpern eine selbstbewusste Bevölkerungsschicht, zu der eine gewisse Erfolgsethik, das Machbarkeitsdenken und gewisse exklusive Ansprüche zählen.

Die „Liberal-Intellektuellen" kennzeichnet eine liberale Grundhaltung, intellektuelle Interessen und nichtmaterielle Werte.

Die „Performer" setzen sich zusammen aus Menschen einer jungen, unkonventionellen Leistungselite. Sie leben beruflich und privat ein intensives, flexibles Leben und nutzen die multimedialen Möglichkeiten.

Die „Epeditiven" verstehen sich als Vorreiter eines progressiven Lebensstils. Sie sind unkonventionell, kreativ, mental und geografisch mobil und in den digitalen Welten zu Hause. Sie sind immer auf der Suche nach neuen Grenzen und nach Veränderung.

Die „Sozial-Ökologischen" sind das idealistische, konsumkritische Milieu mit einem ausgeprägten ökologischen und sozialen Wissen. Es sind die Globalisierungsskeptiker, sie setzen sich für Political Correctness ein und gesellschaftliche Vielfalt ist für sie ein hohes Gut.

Die „Bürgerliche Mitte" steht für den „Mainstream" der Gesellschaft, deren Ordnung man prinzipiell bejaht. Das Streben nach beruflicher und sozialer Etablierung mit den entsprechenden Statussymbolen und nach gesicherten und harmonischen Verhältnissen wird hier gepflegt.

Die „Adaptiv-Pragmatischen" sind die mobile, zielstrebige junge Mitte der Gesellschaft. Sie sind pragmatisch, erfolgsorientiert, kompromissbereit, hedonistisch und konventionell, mit einem ausgeprägten Nutzenkalkül. Sie haben sowohl ein Bedürfnis nach Flexibilität wie nach Sicherheit.

Die „Traditionellen" entstammen der Sicherheit und Ordnung liebenden Kriegs- bzw. Nachkriegsgeneration. Sie sind in der alten kleinbürgerlichen Welt bzw. in der traditionellen Arbeiterkultur zu Hause.

Die „Hedonisten" sind spaßorientiert und verweigern sich überkommenen Verhaltenserwartungen in einer Leistungsgesellschaft.

Die „Prekären" stehen für die Unterschicht, die nach Teilhabe und Orientierung sucht. Sie haben starke Zukunftsängste, sind bemüht, mit den Konsumstandards der breiten Mitte mitzuhalten. Sie haben geringe Aufstiegsperspektiven und ziehen sich in ihr eigenes soziales Umfeld zurück.

Diese Milieus prägen die Werte. Damit beeinflussen sie das konkrete, alltägliche Leben, wo zum Beispiel jemand wohnt, welches Auto er fährt, wie er sich kleidet und welche Medien er nutzt.

**» Impuls:**

- » Zu welchem Milieu rechnen Sie sich?
- » Wie würden Sie ihre Lebensphilosophie formulieren?
- » Welche Werte verbinden Sie damit?

## Das Vertrauen

Mag der Welt eine universale Sinnhaftigkeit vorgegeben sein, so wählt doch der Einzelne, auf welche Basis er sein Leben stellt und welche Bedeutung er seinem Dasein geben will. Wenn wir davon ausgehen, dass Sinn in der Welt vorhanden ist und allem Leben innewohnt, dann müssen wir ihn trotzdem noch finden und wählen. Kein Mensch kommt auf die Welt und die Sinnfrage ist schon geklärt. Sinn kann in einer Zeit der Selbstbestimmung auch nicht verordnet werden. Sinn wird durch das individuelle Vertrauen gewählt, und dieses Vertrauen geht allem Wissen voraus. So vertraut ein Kleinkind seinen Eltern längst, bevor es etwas wissen kann. Dieses Urvertrauen wird oft genug durch das Leben selbst infrage gestellt, doch ohne kann sich kein Mensch seelisch gesund entwickeln. Auch im Erwachsenenalter steht das Vertrauen vor allem Wissen – sei es die Zusammensetzung eines Medikamentes oder die Nutzung eines Flugzeuges. Vertrauen ist für den Menschen die Grundlage aller verlässlichen Gemeinschaft, auch wenn durchaus ein gesundes Maß an Misstrauen hilfreich ist.

**Wer im Vertrauen Werte wählt, setzt einen Sinn.**

Im Englischen wird sprachlich zwischen „faith" als Einstellung zum Leben und „belief" als Inhalt des Glaubens unterschieden. Der „belief – Glaube" bestimmt die Ausrichtung des Vertrauens, die Inhalte des Glaubens sind dabei abhängig von der Zeit, dem Ort, den vielfältigen religiösen und kulturellen Gegebenheiten, in denen ein Mensch lebt.

Wer im Vertrauen Werte wählt, setzt einen Sinn – egal ob bewusst oder unbewusst, ob kurz- oder langfristig. Das jeweilige Vertrauen hilft einem Menschen sich zu orientieren und weist ihm den Weg zu dem Sinn. Das gilt für religiöse und nichtreligiöse Menschen. Wer den Erfolg in der beruflichen Karriere als Sinn wählt und darauf sein Vertrauen setzt, setzt eben dafür sein Leben ein. Wer Partnerschaft,

Familie und Freundschaft als bedeutsam ansieht, der wird dementsprechend sein Leben einrichten. Wem Eigentum und materielle Sicherheit als Halt dienen, der wird danach streben. Wem Spaß und Freude wichtig sind, der wird einen entsprechenden Lebensstil pflegen. Das Leben hält viele Vertrauensangebote bereit, aus denen jeder von uns wählen muss, oder wie es Paul Sorgenfrei humorvoll in einem Gedicht ausdrückt:

*Ein Mensch glaubt, was er grad gelesen,*
*der and're wie's vormals gewesen,*
*ein Dritter glaubt an die Natur,*
*der Vierte an die Konjunktur,*

*ein Fünfter an die Wissenschaft,*
*der Sechste an die eig'ne Kraft,*
*der Siebte glaubt nur innerlich,*
*ein Automat glaubt nur an sich.*

*Bei Glaubenssachen kommt auch vor*
*gelegentlich der Herr Pastor;*
*es glaubt gar treulich bis an's End'*
*an seinen Arzt fest der Patient.*

*Das kleine Söhnchen glaubt dem Vater,*
*dem Mimen glaubt das Welttheater.*
*Der Wähler glaubt, so gut er kann,*
*und gute Lügen kommen an.*

*Es glauben Juden, Moslems, Christen,*
*Parteilose und auch Sozialisten,*
*des Papstes fromme Anverwandten*
*und militante Protestanten.*

*So glaubt, der glaubt, so ist das eben*
*seit alters her im Menschenleben.*
*Ja, ja der Glaube hat Gewicht.*
*Du zweifelst dran,… das glaub' ich nicht.*[2]

Lebenssinn erschließt sich nicht in theoretischen Erörterungen, sondern in dem praktischen Ausleben von Werten. Der Mensch deutet seine Wirklichkeit und wählt individuelle Werte. Damit prägt er seine Lebenszeit und gestaltet den Alltag. Durch das Vertrauen wählt ein Mensch seinen Sinn.

**» Impuls:**

- » Worauf vertrauen Sie grundlegend?
- » Was ist Ihnen „heilig"?
- » In was hinein investieren Sie Zeit, Kraft und Geld? Wie sähe eine prozentuale Aufteilung aus?

## Die Entscheidung

Der Wille zum Sinn zeigt sich im Erstreben von Werten. Je bewusster einem Menschen die Werte sind, desto klarer kann er daraus eigenverantwortliche Ziele formulieren. Wer seine Ziele nicht kennt, kann keine bewussten Schritte setzen und keine Wege gehen. So wie Dennis. Er ist 20 Jahre alt und wirkt unmotiviert. Seine berufliche Laufbahn bestand bisher nur aus der Schule. Auf die Frage, wie seine beruflichen Pläne aussehen, zuckt er nur mit den Achseln. Bei den Schulfächern kann er keine Vorlieben nennen und seine Noten lassen auch keine erkennen. So sind seine Leistungen auch nur ausreichend. Seine Gaben kann er nicht einschätzen und ein Hobby, das seine Vorlieben erkennen lässt, hat er auch nicht. Die meiste Zeit sitzt er vor dem Computer. Die Notwendigkeit, selbstständig zu werden und auf eigenen Füßen zu stehen, ist ihm theoretisch wohl klar, aber praktisch genießt er zu Hause das „Hotel Mama".

Wir Menschen sind in unserer Lebensgestaltung vor die Notwendigkeiten der Lebensumstände gestellt, woraus ein gewisser Zwang oder Druck resultiert. Dazu kommen verschiedene Möglichkeiten, der Spielraum der freien Gestaltung. Der Druck und die Möglichkeiten bewirken einen Entschluss, etwas in die Tat umzusetzen. Daraus ergeben sich kurz-, mittel- und langfristige Ziele. Zu einem guten Ziel gehört, dass dieses motivierend, machbar und messbar ist.

» Ein gutes Ziel muss *erreichbar* sein. Luftschlösser bleiben ungebaut, zu viele und hohe Ziele frustrieren. Wer die Segel zu weit spannt, droht zu kentern. Zu wenige und zu niedrige Ziele hingegen motivieren nicht.
» Ein Ziel muss *motivierend* sein. Der Kraft-, Zeit- und Energieaufwand muss sich lohnen. Eine verheißungsvolle Perspektive soll sich eröffnen. Der Gestaltungswille drängt dann zur Verwirklichung, zu Taten und Aktionen. Dazu werden Pläne und Konzeptionen entworfen, Methoden praktiziert und Kompetenzen gewonnen.
» Ein Ziel muss *messbar* sein, damit klar ist, wann, was, womit erreicht werden soll und muss.

Sinnvolles Leben ist geglücktes Leben. Das deutsche Wort „Glück" ist verwandt mit dem Wort „Gelingen". Das Leben glückt, wenn Werte verwirklicht und Ziele erreicht werden. Das gute Gefühl einer tiefen Zufriedenheit stellt sich ein – egal ob der Sinn sinnlich gespürt, seelisch gefühlt oder geistig erfahren wird. Glück und Erfolg „erfolgen", nämlich dann, wenn ein Wert erreicht ist.

**Erst vom Ziel her können Sinnerfüllung und Sinnverfehlung beurteilt werden.**

Das Sinngefühl stellt sich häufig schon auf dem Weg zu der Erreichung des Zieles ein. Es ist ein Gefühl und zugleich eine Gewissheit: „Das bringt mich voran. Es lohnt sich. Das macht mich froh und glücklich. Ich habe Erfolg." Bedenkenswert ist in diesem Zusammenhang, dass Lebenssinn und -ziel auch verfehlt werden können. Das oft missverstandene Wort „Sünde" meint in seiner ursprünglichen griechischen Wortbedeutung „Zielverfehlung". Sinnerfüllung und Sinnverfehlung können erst vom Ziel her beurteilt werden. Sören Kierkegaard hat recht, wenn er sagt:

*Das Leben muss vorwärts gelebt werden*
*und kann nur rückwärts verstanden werden.*

Menschen erkennen erst im Rückblick einzelne Lebensabschnitte oder Ereignisse als sinnvoll oder als sinnlos. In der Rückschau beurteilen sie, ob sich ihr Einsatz gelohnt hat oder ob er vergeblich war.

Als Seelsorger im Krankenhaus erlebte ich Menschen, die sterbenskrank beteuerten: „Wenn ich hier herauskomme, dann werde ich alles anders machen." Gerade die Begrenzung des Lebens stellt die Frage, was ich mit dem kostbaren Gut der Lebenszeit anfangen will. Die Frage, welche Lebensziele ich für mein Leben habe, ist damit von hoher Bedeutung. Einige Menschen sträuben sich jedoch, bewusste Lebensziele zu benennen. Ihre Argumente sind etwa folgende: „Ich habe Angst, mich falsch zu entscheiden." „Ich will spontan das Leben genießen und nicht so verplant sein." „Planen kann man das Leben ohnehin nicht." „Es kommt ohnehin anders, als man denkt." „Ich will alles oder nichts."

Wer seine Werte nicht kennt und sich seine Ziele nicht bewusst macht, steht in der Gefahr gelebt zu werden, statt selbst das Leben zu gestalten.

### » Impuls:

- » Welche Werte sind für Sie „Wegweiser zum Sinn"?
- » Welche drei wichtigsten Werte wählen Sie von den folgenden zwölf Möglichkeiten aus?
    1. Die Gesundheit erhalten
    2. Partnerschaft und Freundschaft pflegen
    3. Familienleben gestalten
    4. Für soziale Gerechtigkeit wirken
    5. Beruflichen Aufstieg planen
    6. Lebensstandard erhöhen
    7. Persönliche Weiterbildung voranbringen
    8. Persönlichkeitsentfaltung anstreben
    9. Freizeit und Hobby als Ausgleich erleben
    10. Finanzielle Sicherheit erreichen
    11. Spiritualität und Glaube pflegen
    12. Sich für Umwelt- und Klimaschutz engagieren
- » Warum sind Ihnen gerade diese Werte wichtig?
- » Welche Werte sind bei Ihnen in der bisherigen Lebensführung zu kurz gekommen?
- » Welche Lebensziele ergeben sich daraus für Ihre Zukunft?
- » Welchen (schriftlichen) Plan zur Umsetzung von Zielen entwerfen Sie?

## » Zusammenfassend halten wir fest:

- » Die Sinnausrichtung fragt nach Werten.
- » Werte sind Gründe zum Leben.
- » Werte werden im Glauben gewählt.
- » Ziele zielen auf die Verwirklichung von Werten.
- » Von dem Ziel her gestaltet sich der Weg.
- » Aus der Verwirklichung von Werten erwachsen Sinnerfahrungen.
- » Es stellt sich das Gefühl des Sinnvollen ein.

## » Literaturhinweise:


- » Uwe Böschemeyer: *Worauf es ankommt*, München 2003.
- » Harlich Stavemann: *Lebenszielanalyse und Lebenszielplanung*, Weinheim 2008.
- » Knoblauch, Hüger, Mockler: *Dem Leben Richtung geben*, Frankfurt/M. 2003.

# 4. Die Hütte der Rast – Nachdenken über Beziehungen

*Und Gott sprach: Lasset uns Menschen machen, ein Bild, das uns gleich sei, die da herrschen über die Fische im Meer und über die Vögel unter dem Himmel und über das Vieh und über alle Tiere des Feldes und über alles Gewürm, das auf Erden kriecht. Gott schuf den Menschen zu seinem Bilde, zum Bilde Gottes schuf er ihn; und schuf sie als Mann und als Frau. Und Gott segnete sie und sprach zu ihnen: Seid fruchtbar und mehret euch und füllet die Erde und machet sie euch untertan und herrschet über die Fische im Meer und über die Vögel unter dem Himmel und über das Vieh und alles Getier, das auf Erden kriecht.*
*(1. Mose 1,26-28)*

Auf dem Weg zum Sinn lassen Sie uns innehalten für eine grundsätzliche Überlegung. Identität und Sinn entstehen durch Begegnung und die Aufnahme von Beziehung. Martin Buber hat klassisch formuliert: „Alles wirkliche Leben ist Begegnung."
Um welche Sinnbezüge es sich dabei handeln kann, wird schon zu Beginn der biblischen Schöpfungsgeschichte deutlich. Danach kann ein Mensch Beziehungen in vier Richtungen aufbauen:

1. Die Beziehung zu Gott (Menschen als Gegenüber zu Gott.)
2. Die Beziehung zu sich selbst (Abbild Gottes)
3. Die Beziehung zu einer Gemeinschaft (Mann und Frau)
4. Die Beziehung zu einer Aufgabe (Verwaltung der Erde)

Diese vier Richtungen können in einem „Sinnkreuz" dargestellt werden. Es ist ein Koordinatenkreuz, das vier Sinnfelder erkennen lässt, in denen Beziehungen aufgebaut werden können:

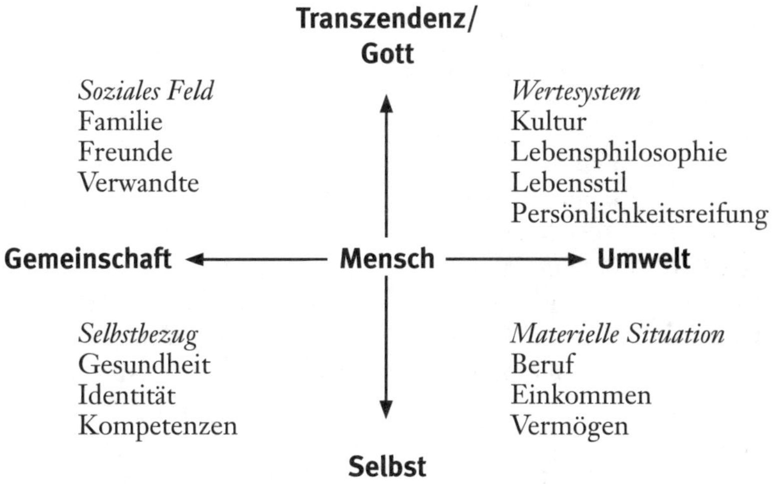


**» Impuls:**

» Zeichnen Sie Ihr eigenes Sinnkreuz mit den wesentlichen Lebensfeldern darin auf.

## Die Beziehung zu einer Gemeinschaft

Jedes „Ich" erfährt sich zunächst an einem „Du". Die erste Beziehung, die ein Mensch erlebt, ist die Beziehung von Mutter und Vater. Hier erfährt ein Mensch grundlegend die Zuwendung, Geborgenheit und Anerkennung. Mutter und Vater sind die wichtigsten Bezugspersonen für ein heranwachsendes Kind. Sie prägen die bedeutenden Lebensbereiche ihres Kindes wie z.B. Nähe und Distanz, Autonomie und Abhängigkeit, Pflicht und Entspannung, Sexualität und Partnerschaft, den Umgang mit Geld und Freizeit. Zu diesem sozialen Gefüge gehören im weiteren Sinn die Großeltern, Geschwister, Verwandten und die engen Freunde. Dieses Beziehungsnetz ist geprägt von persönlicher Nähe und Vertrautheit, in ihm erfahren Menschen eine wesentliche Sinndimension des Lebens.

Die Urgemeinschaft entsteht aus der Polarität von Mann und Frau.

Diese Beziehung ist als sinnvolle Ergänzung begründet: „Es ist nicht gut, dass der Mensch allein sei; ich will ihm eine Hilfe schaffen, die zu ihm passt“ (1. Mose 2,18). Die biblische Überlieferung betont, dass Mann und Frau gleichwertig, aber nicht gleichartig sind. In der Menschheitsgeschichte hat sich das Verhältnis von Mann und Frau unterschiedlich gestaltet. In unserer Kultur ist die herkömmlich verbindliche Beziehung in Ehe, Familie und Verwandtschaft brüchig geworden, und die moderne, individualistische Lebensgestaltung ist nicht unbedingt gemeinschaftsfördernd. Vielfältige Lebensformen haben sich durchgesetzt: Klein- und Großfamilie, Singledasein und Lebensabschnittspartnerschaft, Lebensgemeinschaften und Patchworkfamilien. An der Grundtatsache der sozialen Bezogenheit hat sich aber wenig geändert. Schon Kurt Tucholsky sagt: „Das ist schwer: ein Leben zu zweien. Nur eins ist noch schwerer – einsam zu sein.“

**„Es ist nicht gut, dass der Mensch allein sei.“ (1. Mo 2,18)**

Auch wenn die Ehe heute nicht mehr die einzige Lebensform ist, bleibt sie die engste persönliche Gemeinschaft, die sich geistig, seelisch und körperlich ausdrückt. Sie bildet eine einzigartige Einheit.

In 1. Mose 2,24 wird es folgendermaßen ausgedrückt: „Darum wird ein Mann seinen Vater und seine Mutter verlassen und seiner Frau anhangen, und sie werden ein Fleisch sein.“ Diese Gemeinschaft erhält darüber hinaus den Auftrag: „Seid fruchtbar und mehret euch“ (1. Mose 1,28). Als Eltern haben Mann und Frau teil an dem Schöpfungshandeln Gottes. Sie schaffen nicht das neue Leben, aber sie stellen sich und ihr Wesen dem neuen Leben zur Verfügung.

Menschen sind soziale Wesen und suchen Gemeinschaft in Vereinen, Kirchengemeinden, Parteien, Interessengemeinschaften, Nachbarschaften bis hin zu Massenveranstaltungen oder Internetportalen. Wie stark dieses Bedürfnis nach Gemeinschaft ist, wurde mir anhand von Familie Iversen deutlich, die vor einiger Zeit neu in ein Siedlungsgebiet in unserer Nähe zog. Das Ehepaar hatte sich ein schickes Einfamilienhaus gekauft, wo sie nun mit ihren zwei Kindern wohnen. Die Kontakte zu den Nachbarn bleiben aber bis heute oberflächlich, worunter die Iversens sehr leiden. Die alten Freunde sind weit weg. Über die Schulkameraden bekamen die Kinder vor einiger Zeit den Kontakt zu den christlichen Pfadfindern. Die Kinder nahmen die Eltern mit zu Veranstaltungen in die Kirchengemeinde, und es entwickelten sich erste Beziehungen zu Gemeindegliedern. Sie spürten, dass sie willkommen sind. Heute sagen die Iversens, dass sie in ihrer neuen Heimat angekommen sind.

Einsamkeit kann zu einem bedrückenden Problem werden. Auch wenn Menschen mitunter gern mal allein sein möchten, so sehnen sie sich dennoch wieder nach ihresgleichen. Die Tatsache, dass das Gefängnis, die Isolation, als härteste Bestrafung angesehen wird, unterstreicht dies. Hermann Hesse bringt in einem Gedicht die innere Isolation zum Ausdruck:

*Seltsam, im Nebel zu wandern!*
*Einsam ist jeder Busch und Stein,*
*Kein Baum sieht den andern,*
*Jeder ist allein.*

*Voll von Freunden war mir die Welt,*
*Als noch mein Leben licht war;*
*Nun, da der Nebel fällt,*
*Ist keiner mehr sichtbar.*

*Wahrlich, keiner ist weise,*
*Der nicht das Dunkel kennt,*
*Das uns unentrinnbar und leise*
*Von allen ihn trennt.*

*Seltsam, im Nebel zu wandern!*
*Leben ist Einsamsein.*
*Kein Mensch kennt den andern,*
*Jeder ist allein.*[3]

**» Impuls:**

» Wer gehört zu dem engen Kreis der Menschen, zu denen Sie eine vertrauensvolle Beziehung haben?

» Was können Sie tun, um Beziehungen in Ihrem Umfeld zu knüpfen oder zu intensivieren?

## Die Beziehung zu sich selbst

Die zweite Sinnbeziehung, in der wir Menschen leben, ist die Beziehung zu uns selbst. Als einziges Wesen auf der Welt kann der Mensch zu sich selbst in eine Beziehung treten. Ein Mensch besitzt die Fähigkeit zur Einsicht in seine eigenen Motive. Sich selbst empfängt der Mensch als Gabe und Aufgabe zugleich. Die Herausforderungen in der Beziehung zu uns selbst können sehr vielfältig sein: So müssen wir uns im Verhältnis zu unserem eigenen Körper als Mann oder Frau bejahen, als Gesunder oder Kranker annehmen, als Jung oder Alt akzeptieren. Bettina, eine begabte, junge Frau, die ich vor einiger Zeit begleitete, konnte sich nicht als Frau annehmen. Aus ihrer Sicht hatten ihre Eltern den Bruder vorgezogen, weil er ein Junge war. Sie litt selbst unter ihrer Selbstablehnung. Die Aussage des Psalmes 139,14: „Gott, ich danke dir, dass ich wunderbar gemacht bin" könnte sie nicht aus freiem Herzen nachsprechen. Die Selbstannahme hat Matthias Claudius sehr schön in einem Gedicht zum Ausdruck gebracht:

*Ich danke Gott und freue mich wie's Kind zur Weihnachtsgabe.*
*Dass ich bin, bin! Und dass ich dich, schön menschlich Anlitz habe.*

In der Beziehung zu sich selbst hat ein erwachsener Mensch die Verantwortung für seine Gesundheit, die gesunde Ernährung und seine körperliche und seelische Erholung zu tragen. Eine gesunde Selbstliebe unterstreicht die Spannung von Selbstdurchsetzung und Selbstbegrenzung. Das Liebesgebot unterstreicht nicht nur die Nächstenliebe, sondern auch eine gesunde Selbstfürsorge: „Du sollst deinen Nächsten lieben *wie* dich selbst" (3. Mose 19,18). Wir Menschen sind herausgefordert zur Entfaltung unserer selbst. Seit Kindheitstagen treibt uns dieser Wunsch an, unser Leben in diese Welt hinein ausdrücken. Wir entwickeln ein Verhältnis zu uns selbst, zu unserem unverwechselbaren Ich, zu unserer Identität, die sehr stark unser Selbst- und Weltverständnis prägt. Wir finden uns in der modernen Welt in unterschiedlichen Rollen und Funktionen wieder (Beruf, Familie, Freizeit, Nachbar, Staatsbürger). Unser Leben zergliedert sich in unterschiedliche Teilbereiche. So funktionieren wir

**Was macht meinen unverwechselbaren Kern, meine Identität, aus?**

mit vielen Gesichtern und fragen uns schließlich: „Wer bin ich und wenn ja, wie viele?“ (Richard David Precht).

Was macht meinen unverwechselbaren Kern, meine authentische Identität aus? Was hält das ganze Rollen- und Funktionsspiel zusammen? Wo ist der rote Faden, der mein Leben durchzieht? Schon Dietrich Bonhoeffer hat sich dieser Frage im Gestapo-Gefängnis in Berlin gestellt und eine Antwort gefunden:

*Wer bin ich?*
*Sie sagen mir oft,*
*ich träte aus meiner Zelle*
*gelassen und heiter und fest*
*wie ein Gutsherr aus seinem Schloss.*
*Wer bin ich?*
*Sie sagen mir oft,*
*ich spräche mit meinen Bewachern*
*frei und freundlich und klar,*
*als hätte ich zu gebieten.*
*Wer bin ich?*
*Sie sagen mir auch,*
*ich trüge die Tage des Unglücks*
*gleichmütig, lächelnd und stolz,*
*wie einer, der Siegen gewohnt ist.*
*Bin ich das wirklich, was andere von mir sagen?*
*Oder bin ich nur das, was ich selbst von mir weiß?*
*Unruhig, sehnsüchtig, krank wie ein Vogel im Käfig, ringend nach Lebensatem, als würgte mir einer die Kehle, hungernd nach Farben, nach Blumen, nach Vogelstimmen, dürstend nach guten Worten, nach menschlicher Nähe, zitternd vor Zorn über Willkür und kleinlichste Kränkung, umgetrieben vom Warten auf große Dinge, ohnmächtig bangend um Freunde in endloser Ferne, müde und leer zum Beten, zum Denken, zum Schaffen, matt und bereit, von allem Abschied zu nehmen?*
*Wer bin ich? Der oder jener?*
*Bin ich denn heute dieser und morgen ein anderer?*
*Bin ich beides zugleich? Vor Menschen ein Heuchler und vor mir selbst ein verächtlich wehleidiger Schwächling?*

*Oder gleicht, was in mir noch ist, dem geschlagenen Heer,*
*das in Unordnung weicht vor schon gewonnenem Sieg?*
*Wer bin ich? Einsames Fragen treibt mit mir Spott.*
*Wer ich auch bin, Du kennst mich, Dein bin ich, o Gott.*[4]

**» Impuls:**

- » Haben Sie sich selbst angenommen (Körper, Geschlecht, Alter, Gesundheit)?
- » Wie übernehmen Sie Verantwortung für den Körper, die Seele und den Geist?
- » Aus welcher Beziehung empfangen Sie Ihre Identität hauptsächlich?
- » Worin liegen Ihre persönlichen Stärken und Begabungen?
- » Welche Kompetenzen haben Sie erworben?

## Die Beziehung zu einer Aufgabe

Die dritte Sinn-Richtung ergibt sich aus der Anweisung: „Machet euch die Erde untertan" (1. Mose 1,28).

Der Mensch erhält den Auftrag, die Erde als Wohnstätte zu gestalten und zu verwalten. Eine andere biblische Aussage unterstreicht diese Aufgabe: „Und Gott der Herr nahm den Menschen und setzte ihn in den Garten Eden, dass er ihn bebaute und bewahrte" (1. Mose 2,15).

Die Natur wächst ohne den Menschen, aber der Garten muss gestaltet und gepflegt werden. Der Garten ist symbolischer Ausdruck für die menschliche Arbeit und Gestaltung. Die Arbeit diente zunächst dem Bedürfnis der Ernährung. Die ersten Spezialisten dürften dabei Sammler, Jäger, Hirten und Bauern gewesen sein. Viele Berufe sind in der Geschichte bis zur Gegenwart entstanden und wieder verschwunden. In Prediger 3,22 heißt es: „So sah ich denn, dass nichts Besseres ist, als dass ein Mensch fröhlich sei in seiner Arbeit. Denn das ist sein Teil."

Bis heute hat sich daran nichts Grundlegendes geändert. Menschen möchten sich mit ihren Begabungen und erworbenen Fähigkeiten in einen Beruf einbringen zum Nutzen von anderen. Damit verbunden sind Anerkennung, Karriere, Einkommen, Unabhängigkeit, Sicherheit, die Identifikation mit Unternehmenszielen und das Zusammenwirken mit anderen zu einem gemeinsamen Ganzen. Wo es nicht gelingt, sich mit der beruflichen Tätigkeit zu identifizieren, da wird der Beruf zum „Job“, zum notwendigen Übel, da wir nun mal unseren Lebensunterhalt erwerben müssen.

**Die Natur wächst ohne den Menschen, aber der Garten muss gestaltet und gepflegt werden.**

Ein Problem hierbei ist, dass die komplexe, arbeitsteilige Berufswelt oftmals kaum noch einen Sinnzusammenhang der erbrachten Leistung erkennen lässt. Die globalen Finanz- und Produktionsströme setzen neue Maßstäbe. Der Zwang zur Gewinnmaximierung erzeugt einen enormen Druck. Markt und Moral scheinen einander auszuschließen. Die sinn- und identitätsstiftende Arbeit ist damit häufig fragwürdig geworden. Andererseits löst der Verlust des Arbeitsplatzes bei vielen Menschen eine Sinnkrise aus, so wie z.B. bei Tom, der zu mir in die Seelsorge kam. Für ihn brach eine Welt zusammen, als er seine Arbeit verlor, und damit steht er stellvertretend für viele. Es war nicht nur die finanzielle Einbuße, sondern auch das Gefühl für seine Familie nutzlos zu sein. Erst als er die Situation annehmen kann und auch neue Aufgaben findet, ändert sich auch seine seelische Verfassung. Er übernimmt Teile der Hausarbeit und nutzt die Zeit für Fortbildungen.

Wir Menschen haben ein grundlegendes Bedürfnis, uns einer Aufgabe zu stellen, etwas Sinnvolles zu schaffen. Viktor Frankl betont: „Es gibt nichts auf dieser Welt, was dem Menschen so nachdrücklich helfen kann, zu überleben und gesund zu bleiben, wie das Wissen um eine Lebensaufgabe.“

Der Sinn der Arbeit entsteht dadurch, dass wir einer Tätigkeit einen Wert und eine Bedeutung zumessen. Arbeit ist hierbei nicht nur die entlohnte Erwerbsarbeit, die Möglichkeit zu Verdienst und Karriere. Vielmehr gehören die Familienarbeit (Hausarbeit, Kindererziehung) und Bürgerarbeit (ehrenamtlicher Einsatz, soziales Engagement) und auch Hobbys zur Gestaltung unseres Lebens dazu. Selbst nach der Zeit der Berufstätigkeit macht sich bei vielen Menschen der Gestaltungswille bemerkbar, noch etwas an „Schaffenswerten“ zu leisten. Dahinter steckt das Bedürfnis, etwas in diese Welt einzubringen, was schön oder bereichernd ist.

**» Impuls:**

- » Welche materiellen und ideellen Werte motivieren Sie, Ihre Arbeit zu erfüllen?
- » Sind Sie mit dem Einkommen und der beruflichen Karriere zufrieden?
- » Lässt sich Ihr persönliches Wertverständnis mit der beruflichen Tätigkeit vereinbaren?

## Die Beziehung zur Transzendenz

Bereits die ältesten archäologischen Funde weisen auf religiöse Kulte hin, die auf eine Ahnung von einem höheren Wesen schließen lassen. Religion hat sich in der Menschheitsgeschichte weiterentwickelt. An Experimenten, den Menschen von der Religion zu „befreien", fehlt es in Geschichte und Gegenwart nicht. Doch sind alle diese Versuche bisher gescheitert. Der Mensch ist, jenseits aller Konfessionszugehörigkeit, immer auch ein religiöses Wesen. Die hohen Einschaltquoten bei „Astro-TV" oder die Horoskope in den Tageszeitungen lassen auf das Bedürfnis nach übersinnlicher Orientierung schließen. Das Religiöse lässt sich nicht wegrationalisieren, sondern ist offensichtlich ein Ausdruck des Geistes, eine Art metaphysischer Hintergrundsinn, der auf den tiefsten Grund unseres Daseins verweist. Schon der Kirchenvater Augustin (4. Jh.) bekennt: „Du hast uns für dich erschaffen und unser Herz ist unruhig, bis es Ruhe findet in dir." Der Philosoph Blaise Pascal (17. Jh.) weiß um eine „metaphysische Sehnsucht": „Es gibt ein gottgeschaffenes Vakuum im Herzen eines Menschen, das durch nichts Geschaffenes ausgefüllt werden kann."

Darum muss die Sinnfrage auch die Frage nach der Transzendenz, nach der Wirklichkeit Gottes, einbeziehen. Der agnostische Philosoph Bertrand Russell bekennt: „Solange man nicht annimmt, dass es einen Gott gibt, bleibt die Frage nach dem Ziel des Lebens sinnlos."

Der Philosoph Wittgenstein unterstreicht diese Aussage: „An Gott glauben heißt sehen, dass das Leben einen Sinn hat." Der Theologe Friedrich Daniel Schleiermacher (19. Jh.) sprach vom „Gefühl der schlechthinnigen Abhängigkeit" von einer höheren Macht, die den Menschen gesetzt hat.

Alle Versuche, Gott zu beweisen, sind letztlich gescheitert. So wurde Gott als der bezeichnet, „über das hinaus nichts Größeres gedacht werden kann“ (Anselm von Canterbury, 12. Jh.). Thomas von Aquin (13. Jh.) bezeichnet ihn als den „unbewegten Beweger“, der den Kosmos und das Leben in Gang gesetzt hat. Auch die Annahme, dass sich Natur und Geschichte auf ein Ziel zu bewegen, wird als Gottesbeweis angeführt. Die transpersonale Psychologie unterstellt, dass das spirituelle Bedürfnis genauso zum Menschen gehört wie das sexuelle Bedürfnis. Neuerdings wird sogar die Gehirnforschung bemüht, weil religiöse Aktivitäten (Gebet, Meditation) bestimmte Areale im Gehirn aktivieren. Alle diese Hinweise sind aber letztlich keine Beweise. Es bleibt dabei: Gott kann nur durch Glauben erfahren, aber nicht mit dem Verstand bewiesen werden. Damit ist offensichtlich die menschliche Vernunft überfordert. Das Gehirn ist dafür nicht geschaffen.

**Ein gottgeschaffenes Vakuum im Menschen**

Allerdings deutet sich hier ein Grundkonflikt des menschlichen Lebens an, der Konflikt zwischen Abhängigkeit und Autonomie. Diese Tatsache macht bereits die Urgeschichte der Bibel deutlich. Dort werden zwei Bäume erwähnt (1. Mose 2,9): der „Baum des Lebens“ und der „Baum der Erkenntnis von Gut und Böse“. Der Baum des Lebens, von dem der Mensch essen durfte, gab dem Menschen seine Lebendigkeit, und er war von diesem Baum abhängig. Von dem Baum der Erkenntnis war dem Menschen verwehrt zu essen, denn der Genuss der Früchte würde ihn unabhängig von Gott machen. Würde der Mensch diese Grenze missachten, so würde er aus der Beziehung zu Gott fallen, würde „in Sünde fallen“. Da der Mensch eben das tat und die Autonomie wählte, verlor er seine Beziehung zum Ursprung des Lebens und muss in der Trennung, jenseits von Eden, leben. Der Bibel zufolge braucht der Mensch eine Beziehung zu Gott, um im Vollsinn Mensch zu sein. Das höchste Gebot im Alten und Neuen Testament unterstreicht dies: „Du sollst den Herrn, deinen Gott, lieben von ganzem Herzen, von ganzer Seele und mit all deiner Kraft“ (5. Mose 6,5; Matthäus 22,37).

Aus der Beziehung zu dem „Urgrund des Seins“ (Paul Tillich) gewinnt ein Mensch eine Orientierung für sein ganzes Leben. Dom Helder Camara sagt: „Ein Mensch ohne Religion ist ein Wanderer ohne

Ziel, ein Fragender ohne Antwort, ein Ringender ohne Sieg und ein Sterbender ohne neues Leben."

Aus der Religion leiten sich kulturelle, soziale, politische und rechtliche Werte ab. Werte wie Freiheit und Verantwortung, Gleichheit und Gerechtigkeit, Würde und Solidarität prägen unsere Kultur und das gesellschaftliche Leben. Die Präambel des deutschen Grundgesetzes weist in seiner Formulierung „In Verantwortung vor Gott" auf diese Tatsache hin. Mittlerweile haben sich die Werte von ihrem religiösen Ursprung verselbstständigt. Sie bilden aber weiterhin die Grundlage des gesellschaftlichen Zusammenlebens und auch der persönlichen Sinnverwirklichung.

**» Impuls:**

- » Gehört für Sie das Religiöse zur Sinnentfaltung dazu?
- » Haben Sie den sinnstiftenden Einfluss von Glauben erfahren?
- » Hat die Bibel für Ihr Leben eine Bedeutung? (Gibt es Bibelstellen, die Ihr Leben beeinflusst haben?)
- » Welche Werte motivieren Sie zu einem sozialen, politischen, religiösen Engagement?

## Das Gleichgewicht

Eine Lebenskunst besteht darin, alle vier Lebensbereiche in einer Balance zu leben. Das gelingt nicht immer, und wenn wir uns ganz auf einen Lebensbereich konzentrieren und alle anderen ausblenden, kann das dramatische Folgen haben, wie im Falle des 42-jährigen Reiner, der völlig verzweifelt zu mir kam: „Was habe ich bloß verkehrt gemacht?" – In den letzten Jahren hatte er fast alle Zeit und Kraft in den Ausbau eines Hauses gesteckt. Ein wunderschönes Objekt, dass das Heim für seine vierköpfige Familie werden sollte. Das Haus war nun fast fertig, und seine Welt brach zusammen. Seine Frau hatte sich in einen Bekannten verliebt, verließ ihn und nahm die Kinder mit. Das Haus wurde zwangsversteigert. Alles, wofür Reiner in den letzten 10 Jahren gearbeitet hatte, erschien ihm mit einem Schlag wertlos. „Warum ist mir das nur passiert? Mein Leben ist völlig bedeutungslos geworden." Nach dem Verarbeiten des ersten Schocks erkannte Reiner, dass er über Jahre nahezu seine ganze Zeit und Kraft für den Ausbau des Hauses eingesetzt und seiner Frau und den Kindern nicht genügend Aufmerksamkeit geschenkt hatte. Auch die Fragen des Glaubens spielten keine Rolle in seinem bisherigen Leben. Die Verabsolutierung eines einzelnen Wertes (Hausbau) brachte sein Leben ins Ungleichgewicht. Er zeichnete etwa folgendes Wertekreuz:

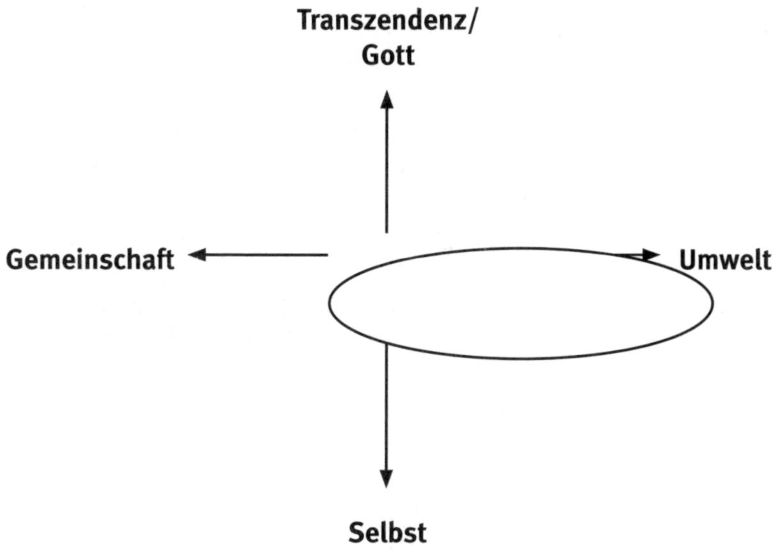


Nach dem Zusammenbruch seines bisherigen Lebenshauses brauchte es einige Zeit, um die Trümmer zu beseitigen. Er entschloss sich, dass sein zukünftiges Lebenshaus alle vier Dimensionen berücksichtigen soll. Seit einigen Jahren steht es nun schon da. Von außen sieht es etwas bescheidener aus als seine ursprüngliche Version. Aber sein neuer Lebensentwurf ist im Gleichgewicht und füllt ihn innerlich ganz anders aus.

Ein Ungleichgewicht entsteht, wenn eine oder mehrere Beziehungsebenen nicht oder nur unzureichend gelebt werden. Diese Fixierung auf einen Wert hat früher oder später einen existenziellen Leidensdruck zur Folge. Eine Krise in dem einen Bereich beeinträchtigt das Leben in all seinen Bezügen. Wenn unser Leben gelingen soll, sollten wir alle vier Beziehungsebenen berücksichtigen. Doch ist der Voll-Sinn nicht zwangsläufig an diese Voraussetzung gebunden. Wenn unserer Lebensgestaltung in einem Bereich Grenzen gesetzt sind, können wir das kompensieren, ausgleichen. Denken wir an Menschen, die als Nonne oder Mönch in der Ausrichtung auf einen geistlichen Lebensvollzug leben, an Menschen, die durch Krankheit oder Behinderung begrenzt sind, an jemanden, der als Single lebt oder der den Verlust eines Partners oder des Arbeitsplatzes erlitten hat. Die Bewältigung eines solchen Lebensweges stellt vor besondere Herausforderungen und sie kann nur in einem Prozess der inneren Einwilligung gelingen. Harmonie, Zufriedenheit und Sinn stellen sich ein, wenn die unterschiedlichen Werte im Sinnkreuz zusammenwirken. Fällt eine Sinndimension bzw. ein Bereich in einer Sinndimension, also z.B. die eheliche Partnerschaft oder das berufliche Arbeitsleben, aus, so stehen andere Sinnbezüge als Möglichkeit offen. Das Defizit wird durch einen anderen Wert ausgeglichen. Eine Legende um den großen Geiger Paganini illustriert dies schön: Er spielte vor einem erlesenen Publikum. Plötzlich riss eine Saite seiner Geige. Doch der große Meister spielte weiter auf den drei verbliebenen Saiten. Als dann auch noch die zweite Saite riss, stockte den Zuhörern der Atem. Selbst als dann noch die dritte Saite mit großem Krach entzwei war, spielte Paganini weiter, ohne mit der Wimper zu zucken. Das Publikum meinte, das Konzert sei beendet. Anders Paganini; er unterbrach nur kurz das Spiel, hob seine berühmte Stradivari-Geige hoch und verkündete: „Sie hören eine Saite und Paganini." Am Ende der Aufführung applaudierten die Zuhörer stürmisch und erhoben sich in Bewunderung von ihren Sitzen vor dieser außerordentlichen Darbietung.

**Die Fixierung auf einen Wert hat früher oder später einen existenziellen Leidensdruck zur Folge.**

## » Impuls:

» Wie viel Zeit, Kraft und Geld investieren Sie in die Lebensbereiche – wie sieht Ihre ganz persönliche „Energie-Bilanz" aus?

» Ist Ihr Leben im Gleichgewicht, das gesamte Singgefüge in einer gewissen Balance?

» Was hat sich rückblickend als „Schwach-Sinn" herausgestellt?

- Welche Priorität wollen Sie in der zukünftigen Lebensplanung berücksichtigen? Welche Lebensziele ergeben sich daraus konkret für den kurz-, mittel- und langfristigen Zeitraum?
- Welche Durchführungspläne folgen daraus?
- Welche Umsetzungsschritte sind notwendig?

## Die Hingabe

Die Liebe ist das tiefste Bedürfnis, die subtilste Macht und das innerste Lebensprinzip. Liebe hat viele Facetten wie etwa elterliche Liebe, die romantische Verliebtheit, die Liebe zur Kunst und die Liebe zu Gott. Die antiken Griechen unterschieden zwischen der erotischen Liebe (Eros), der freundschaftlichen Liebe (Filia) und der selbstlosen Liebe (Agape). Letztere findet im selbstlosen Opfer des Christus am Kreuz ihren höchsten Ausdruck. Gemäß der Bibel ist Gott die Quelle besonders dieser Liebe: „Gott ist die Liebe, und wer in der Liebe bleibt, der bleibt in Gott und Gott in ihm" (1. Johannes 4,16).

Der Mensch empfängt aus dieser Quelle und ist zum Weitergeben bestimmt. Conrad Ferdinand Meyer hat dies im Gedicht des „Römischen Brunnen" anschaulich beschrieben:

*Auf steigt der Strahl und fallend gießt*
*er voll der Marmorschale Rund,*
*die, sich verschleiernd, überfließt*
*in einer zweiten Schale Grund.*
*Die zweite gibt, sie wird zu reich,*
*der dritten wallend ihre Flut,*
*und jede nimmt und gibt zugleich*
*– und strömt und ruht.*[5]

Lebenssinn resultiert aus der Hingabe. In der gezielten Hingabe von Lebenskraft und -zeit ereignet sich Lebenssinn. Das ist offenbar ein inneres Lebensgesetz. Der Mensch kann sich allerdings diesem Gesetz entziehen. Aus Angst, zu kurz zu kommen, gibt er sich nicht hin, sondern will sich behalten oder nimmt sich sogar unrechtmäßig das, was ihm nicht gehört. Ganz anders als der „Römische Brunnen" ist das Tote Meer in Israel. Das Land hat bekanntlich zwei größere Seen. Der See Genezareth ist das Süßwasserreservoir für das ganze Gebiet. Er besitzt mehrere Zuflüsse und einen Abfluss. Das Tote Meer hat dagegen keinen Abfluss, weil es so tief unter dem Meeresspiegel liegt. Das Wasser verdunstet und das im See übrig bleibende Wasser ist so salzhaltig, dass alles Leben darin erstirbt. Jesus formuliert den Satz: „Wer sein Leben erhalten will, der wird es verlieren" (Markus 8,35).

Viktor Frankl deutet die Liebe folgendermaßen: „Der Mensch ist nicht dazu da, um sich selbst zu bespiegeln; sondern er ist dazu da, um sich auszuliefern, sich preiszugeben, erkennend und liebend sich hinzugeben." Der russische Schriftsteller Leo Tolstoi unterstreicht diese Aussage: „Kein Satz hat sich so deutlich durch Erfahrung bestätigt wie der, dass der Sinn des Lebens die Vermehrung der Liebe sei."

Die Liebe äußert sich in ihrer Aufmerksamkeit, Wertschätzung des anderen und erweist sich in Treue, Geduld, Mitempfinden, Freundlichkeit, Opferbereitschaft und Selbstbeherrschung. Liebe ist wie eine brennende Kerze. Die Kerze findet ihren Sinn, indem sie sich opfert. Sie verbrennt und verbreitet dadurch Licht, Wärme, Festlichkeit. Dafür ist sie erschaffen. Selbst wenn die Kerze übersehen wird oder verlischt, hat sie ihren Sinn erfüllt.

## » Impuls

- » Wie spüren Sie die Liebe in Ihrem Leben?
- » Wofür setzen Sie Ihre Lebenskraft, Zeit und Geld ein?
- » Welche „Sprache der Liebe" (Gary Chapman) beherrschen Sie?
- » Wie äußern Sie vorzugsweise Ihre Liebe?

## » Zusammenfassend halten wir fest:

- » Im Rahmen der gesamten Schöpfung nimmt der Mensch eine besondere Stellung ein.
- » Wir Menschen haben unser Leben zwischen Freiheit und Verantwortung bewusst zu gestalten.

- » Unser Leben vollzieht sich in vier Beziehungsrichtungen, die uns jeweils Identität und Bestimmung geben. In einem Sinnkreuz lassen sich vier Sinnfelder verdeutlichen:
  - » Die Beziehung zu einer Gemeinschaft,
  - » zur Transzendenz,
  - » zu einer Aufgabe,
  - » zu uns selbst.
- » In der Ausrichtung auf diese Sinnfelder bieten sich uns Sinnmöglichkeiten an und entsteht unsere Identität.
- » Den ganzheitlichen Sinn erfahren wir, wenn wir alle vier Beziehungsrichtungen wahrnehmen.
- » Sinn erfahren wir vor allem durch Liebe, durch Empfangen und Hingabe.

## » Literaturhinweise:


- » Rick Warren: *Leben mit Vision*, Asslar 2003.
- » Lothar J. Seiwert: *Balance your life*, München 2004.
- » Richard D. Precht: *Wer bin ich und wenn ja, wie viele?* München 2007.
- » Terry Eagleton: *Der Sinn des Lebens*, Berlin 2008.
- » Gary Chapman: *Die fünf Sprachen der Liebe*, Marburg 2003.

# 5. Der Fluss des Lebens – Lebenszeitalter und Charakter

*Du hast meine Nieren bereitet*
*und hast mich gebildet im Mutterleibe.*
*Ich danke dir dafür, dass ich wunderbar gemacht bin;*
*wunderbar sind deine Werke; das erkennt meine Seele.*
*Es war dir mein Gebein nicht verborgen,*
*als ich im Verborgenen gemacht wurde,*
*als ich gebildet wurde unten in der Erde.*
*Deine Augen sahen mich, als ich noch nicht bereitet war,*
*und alle Tage waren in dein Buch geschrieben,*
*die noch werden sollten und von denen keiner da war.*
*Aber wie schwer sind für mich, Gott, deine Gedanken!*
*Wie ist ihre Summe so groß!*
*Wollte ich sie zählen, so wären sie mehr als der Sand:*
*Am Ende bin ich noch immer bei dir.*
...
*Erforsche mich, Gott, und erkenne mein Herz;*
*prüfe mich und erkenne, wie ich's meine.*
*Und sieh, ob ich auf bösem Wege bin,*
*und leite mich auf ewigem Wege.*
*(Psalm 139,13-18.23-24)*

### » Impuls:

» Der Psalmbeter befindet sich vermutlich in einer Auseinandersetzung mit Menschen, die ihm sein Lebensrecht bestreiten. Woher nimmt er seine Berechtigung zum Leben?

## Der bewältigte Weg

Der Blick zurück zeigt dem Wanderer, was er bereits bewältigt hat und wo er sich gerade befindet. Die bereits bewältigte Wegstrecke kann ihn ermutigen, den weiteren unbekannten Weg neu motiviert zu gehen.

Jeder Mensch ist in eine bestimmte Zeitepoche gestellt mit ihren großen Themen wie Krieg und Frieden, Armut und Wohlstand. Der individuelle Sinn ist immer auch eng verknüpft mit der Zeit und dem Land, in dem jemand aufgewachsen ist. Die Kultur des Landes mit ihren Werten und Traditionen eröffnet Möglichkeiten, aber sie begrenzt auch die Spielräume der Lebensgestaltung. Familie, Schule und Ausbildung prägen uns wesentlich. Jeder Einzelne ist hineingewoben in eine Familiengeschichte. Die vorhergehenden Generationen wirken auf uns ein, bevor wir uns dessen überhaupt bewusst sind. Auf diese Tatsache macht nicht nur die Bibel (vgl. 2. Mose 20,5.6), sondern auch die systemische Familientherapie aufmerksam.

Zusätzlich hinterlassen auch die Partnerschaft, das Berufsleben, die Erfolge und Niederlagen, Kontinuität und Abbrüche ihre biografischen Spuren. Viele ältere Menschen unter uns haben ein ähnliches Schicksal erlebt wie Kurt: Er ist in Ostpreußen geboren. Schon als Kind verlor er durch den Krieg zunächst seinen Vater, dann die Mutter und zum Schluss seine Heimat. Diese traumatischen Erlebnisse prägen sein Leben. In nächtlichen Träumen kommen immer wieder die Bilder aus jener Zeit hoch, obwohl diese Ereignisse mehr als 60 Jahre zurückliegen. Sie bestimmen sein alltägliches Lebensgefühl. Auch als Erwachsener hat Kurt massive Verlusterlebnisse zu verarbeiten. Eine Tochter stirbt, seine Frau lässt sich von ihm scheiden. In Kurt kommen Fragen hoch wie: Warum muss ich so viele schreckliche Erfahrungen machen? Welcher Sinn liegt darin? Erst in einem längeren Prozess kann er sich mit seinem Leidensweg aussöhnen. Durch den Glauben an den Gekreuzigten gelingt es ihm, seinem von Leiden geprägten Lebensweg einen Sinn zu geben und Frieden mit seinem Schicksal zu finden.

**» Impuls:**

- » Welche wichtigen Ereignisse gibt es in Ihrer Familiengeschichte?
- » Gibt es ein erkennbares Thema in Ihrer Familie (z.B. Suchtverhalten, Scheidung, Krankheiten, Straftaten, Suizid)?
- » Welches Ereignis hat Ihre Kindheit nachhaltig beeinflusst? Welche Vorbilder haben Sie geprägt?

» Gibt es einen roten Faden, ein inneres Lebensthema, das Ihr Leben bestimmt?
» Um die eigene Lebensgeschichte zu verdeutlichen, besteht die Möglichkeit, diese in Koordinaten zu zeichnen: (*Senkrechte Achse*: Lebensgefühl und -qualität auf einer Skala -3 bis +10; *waagerechte Achse*: die Lebensjahre).
  » Welche Höhen und Tiefen hat Ihre Lebenskurve?
  » Welche besonderen Ereignisse waren ausschlaggebend?

## Der aktuelle Wegabschnitt

Unser Lebensalter ist ein weiterer Wegweiser zu unserem Sinngefüge. Jeder Lebensabschnitt stellt den Menschen vor neue spezifische Herausforderungen, konfrontiert mit einem neuen Sinn-Thema. Viktor Frankl betont zu Recht, dass Menschen häufig einen Anspruch an das Leben stellen: „Was habe ich vom Leben?“, und dabei verkennen, dass das Leben selbst in jedem Altersabschnitt einen Anspruch an sie stellt – „Was hat das Leben von mir?“ Er sagt: „Das Leben selbst ist es, was dem Menschen Fragen stellt. Er hat nicht zu fragen, er ist vielmehr der Befragte, der dem Leben zu antworten, das Leben zu verantworten hat.“ Der Philosoph Ortega y Gasset betont: „Leben heißt etwas Aufgegebenes erfüllen; und in dem Maße, wie wir es vermeiden, unser Leben an etwas zu setzen, entleeren wir es.“

Am Beispiel von Manfred wird dies deutlich: Manfred ist mit 60 Jahren in den Vorruhestand getreten. Seine Frau ist eine liebevolle Partnerin und stetig bemüht, ihm alles recht zu machen. Doch Manfred klagt immer und überall, besonders über seine gesundheitlichen Beschwerden. Sein Arzt versichert ihm, dass sein gesundheitlicher Zustand für sein Alter durchaus in Ordnung sei – es seien halt die altersüblichen „Zipperlein“. In seinem Freundes- und Bekanntenkreis geht Manfred den anderen schon auf die Nerven, weil er kaum über ein anderes Thema spricht als über seine Krankheiten. Zunächst hatte er sich über den Ruhestand gefreut – endlich frei zu sein von der täglichen Arbeitsbelastung. Nach einer gewissen Zeit empfindet er eine Leere, die mit dem Klagen über seine Gesundheit einhergeht. Dies ist ihm gar nicht bewusst. Nach einer Zeit des Suchens und der Neuorientierung findet er eine neue, spannende Herausforderung. In der Aufgabe, hochbetagte Menschen zu besuchen, findet er einen Ausweg aus seinem „Rentenloch“ und bewirkt, dass er darüber seine Altersbeschwerden vergisst.

Jede Lebensstufe gibt uns ein neues Lebensthema vor, wie schon der Prediger des Alten Testaments andeutet: „Ein jegliches hat seine Zeit, und alles Vorhaben unter dem Himmel hat seine Stunde: geboren werden hat seine Zeit, sterben hat seine Zeit; pflanzen hat seine Zeit, ausreißen, was gepflanzt ist, hat seine Zeit“ (Prediger 3,1.2).
Alle 7 Jahre erneuern wir uns in biologischer Hinsicht, alle 14 Jahre ändert sich das Thema unseres Lebensabschnittes. Diese Lebensphasen werden häufig mit dem Jahresablauf versinnbildlicht (Frühling, Sommer, Herbst, Winter). Wie die Jahreszeiten so sind auch diese Abschnitte nicht statisch, sondern als Übergänge zu verstehen. Sie können sich auch gesellschaftlich bedingt verschieben. Jeder Lebensabschnitt trägt einen eigenen Sinngehalt in sich, den es zu entdecken, anzunehmen und zu verwirklichen gilt:

» Die **Kindheit** (etwa 1 bis 14 Jahre) gleicht dem jahreszeitlichen Frühling. Das aufkeimende Leben ist besonders empfindsam und schützenswert. Eltern und Geschwister werden zu wichtigen Wegbegleitern. Die in diesem Lebensabschnitt erlittenen seelischen Verletzungen wirken in die späteren Lebensphasen hinein. Das Thema der Kindheit heißt „Begreifen“ und „Wahrnehmen“. Das geschieht im wörtlichen wie im übertragenen Sinn.
» Das **Jugend- und frühe Erwachsenenalter** (etwa 14 bis 28 Jahre) gleicht dem Frühsommer. Die Welt will „entdeckt“ und „erobert“ werden. Das gilt nicht nur für die Außenwelt, sondern auch für die „Innenwelt“. Identität und Geschlechtlichkeit, Beruf und Partnerschaft werden zu Schwerpunkten dieses Lebensabschnittes. Um hier die richtige Spur zu finden, bedarf es einer bewussten Werteentscheidung – was will ich hauptsächlich erreichen?
» Das **mittlere Erwachsenenalter** (etwa 28 bis 42 Jahre) gleicht dem Hochsommer. Aus dem Erobern wird ein „Haben“. Die Verantwortung für andere wird übernommen. In Familie, Beruf und Besitz erreichen Menschen hier vielfach den Höhepunkt ihres Schaffens, die Grenzen werden ausgelotet.
» Das **reife Erwachsenenalter** (etwa 42 bis 56 Jahre) entspricht

dem Spätsommer. Die Lebenshälfte wird überschritten. Aus dem „Haben“ wird das „Sein“. So manche Zwischenbilanz wird gezogen. Einstige Lebensentwürfe werden mit dem real Erreichten verglichen. Von manchem muss bereits Abschied genommen werden.

- Das **jüngere Alter** (etwa 56 bis 70 Jahre) gleicht dem Herbst. Waren die Lebensabschnitte zuvor darauf ausgerichtet, das Leben immer mehr auszuweiten, so muss jetzt mancher Abschied vollzogen werden – die Kinder gehen aus dem Haus, der Beruf wird aufgegeben, die gesundheitlichen Einschränkungen mehren sich. Jetzt wird der Ertrag des Lebens gesichtet, die Ernte eingebracht und an die nachfolgende Generation weitergegeben.
- Das **Alter** (ab 70 Jahre) gleicht dem Winter. Er hat das Thema des großen „Loslassens“ das **Sterben**. Der besondere Auftrag in dieser Zeit, wenn die körperlichen Kräfte schwinden, besteht in dem Abschluss der inneren Reifung. Das Ganze des Lebens wird noch einmal vernommen und durchgearbeitet. Die Bilanzierung schließt eine nachträgliche Sinn-Deutung ein. Lebensphasen werden noch einmal hervorgeholt, „aufgearbeitet“ und dann endgültig „losgelassen“.

Viktor Frankl rät dazu, nicht auf die Stoppelfelder der Vergänglichkeit zu schauen, sondern auf die vollen Scheunen von Erlebnissen und verwirklichter Sinnfülle. Hermann Hesse hat in seinem Gedicht „Stufen“ sehr anschaulich das Durchleben der Altersübergänge dargestellt:

*Wie jede Blüte welkt und jede Jugend*
*dem Alter weicht, blüht jede Lebensstufe,*
*blüht jede Weisheit auch und jede Tugend*
*zu ihrer Zeit und darf nicht ewig dauern.*
*Es muss das Herz bei jedem Lebensrufe*
*bereit zum Abschied sein und Neubeginne,*
*um sich in Tapferkeit und ohne Trauern*
*in andere, neue Bindungen zu geben.*
*Und jedem Anfang liegt ein Zauber inne,*
*der uns beschützt und der uns hilft zu leben.*

*Wir sollen heiter Raum um Raum durchschreiten,*
*an keinem wie an einer Heimat hängen,*
*der Weltgeist will nicht fesseln uns und engen,*
*er will uns Stuf' um Stufe heben, weiten.*
*Kaum sind wir heimisch einem Lebenskreis*
*und traulich eingewohnt, so droht Erschlaffen,*
*nur wer bereit zu Aufbruch ist und Reise,*
*mag lähmender Gewöhnung sich entraffen.*

*Es wird vielleicht auch noch die Todesstunde*
*uns neuen Räumen jung entgegen senden,*
*des Lebens Ruf an uns wird niemals enden …*
*Wohlan denn, Herz, nimm Abschied und gesunde!*[6]

Jeder Lebensabschnitt drängt auf eine Sinnverwirklichung. Wenn dies nicht gelebt wird, muss es nachgeholt werden oder das Leben erstarrt. Es geht nicht darum, sich die Zeit zu vertreiben oder die Jahre abzuleben, sondern in der Gegenwart das Empfangene bewusst auszuleben. Andreas Gryphius (17. Jh.) unterstreicht dieses in einem Gedicht:

*Mein sind die Jahre nicht, die mir die Zeit genommen.*
*Mein sind die Jahre nicht, die etwa möchten kommen.*
*Der Augenblick ist mein, und nehm' ich den in Acht,*
*so ist der mein, der Jahr und Ewigkeit gemacht.*

**» Impuls:**

- » In welchem Lebensabschnitt stehen Sie?
- » Was ist das übergeordnete Thema Ihres Alters?
- » Welche Gaben, welche Aufgaben und Gefährdungen beschert Ihnen diese Jahreszeit?

## Die Kompetenzen

Vieles ist im Leben vorgegeben. Kenntnisse, Fähigkeiten und Kompetenzen dagegen müssen oft mühsam erworben werden. Die Ausbildung bestimmt mittlerweile einen beträchtlichen Anteil an der Lebenszeit. Basisfähigkeiten wie Lesen, Schreiben und Rechnen werden in unserem Kulturkreis vorausgesetzt. Dazu kommt der Erwerb von naturwissenschaftlichen, sprachlichen oder wirtschaftlichen Kenntnissen in unterschiedlichen Schulformen. Je nach Ausrichtung werden dann unterschiedliche Kompetenzen zusätzlich erworben in:

- Fachkompetenz
- Sozialkompetenz
- Methodenkompetenz
- Selbststeuerungskompetenz

Diese Kompetenzen fließen in die berufliche Erwerbstätigkeit, die den Lebensinhalt für mehrere Jahrzehnte dominiert. Berufe prägen Menschen und Menschen prägen Berufe.

**» Impuls:**

- Auf welcher schulischen und beruflichen Laufbahn befinden Sie sich? Wie prägt das Ihr Leben?
- Entspricht Ihr Beruf Ihren natürlichen Begabungen?

## Die Selbsterkenntnis

Wer seinen Sinn erkennen will, kommt an Selbsterkenntnis nicht vorbei. Wer Selbstvertrauen haben möchte, muss mit sich selbst vertraut sein. Er muss sich hinreichend mit sich selbst auseinandersetzen, seiner eigenen Prägung, seinen Möglichkeiten und Grenzen sowie seinen Stärken und Schwächen. Schon die griechischen Philosophen formulierten den Wahlspruch über dem Eingang zum Tempel von Delphi: „Erkenne dich selbst." Gottfried Ephraim Lessing rät: „Mensch, lerne dich selbst erkennen, das ist der Mittelpunkt aller Weisheit." Und der Seelenkenner C.G. Jung sagt: „Selbsterkenntnis ist ein Abenteuer, das in unerhörte Weiten und Tiefen führt."

Das „Selbst" ist eine psychologische Bezeichnung der personalen Mitte, des Geistes, durch den sich eine Person in die Welt hinein ausdrückt. Die polaren Gegensätze von Hass und Liebe liegen im menschlichen Herzen begründet, wie schon der Prophet Jeremia feststellt: „Es ist das Herz ein trotzig und verzagt Ding; wer kann es ergründen?“ (Jeremia 17,9)

Das Wort „Person“ hingegen kommt aus dem Lateinischen und meint „Maske“. Durch die Maske äußert sich der dahinter stehende Geist. Diese seelische Maske ist genetisch geprägt. Sie ist sowohl hirnphysiologisch als auch im Unterbewusstsein nachweisbar und wird durch frühkindliche Erfahrungen verstärkt oder abgeschwächt. „Der Apfel fällt nicht weit vom Stamm“ – diese Prägung beeinflusst die Welt- und Selbstwahrnehmung. Sie ist die Optik, aus der wir heraus die Wirklichkeit wahrnehmen. Was wir als „normal“ und „natürlich“ erleben, ist bereits das Konstrukt der Brille, die wir auf der Nase haben. Unsere Wesensstruktur beeinflusst unser Fühlen, Denken und Wollen. Sie bestimmt den Alltag mehr, als uns bewusst ist. Im jüdischen Talmud heißt es dazu treffend: „Wir sehen die Welt nicht, wie sie ist. Wir sehen die Welt, wie wir sind.“

Psychologen nennen diesen Vorgang einer konstruierenden Wahrnehmung „Projektion“. Was damit gemeint ist, soll folgendes Beispiel verdeutlichen: „Ich kann ihn nicht mehr ausstehen“, sprudelt es aus der 27-jährigen Julia heraus. „Als wir uns kennenlernten, empfand ich seine ruhige, ausgeglichene Art so anziehend. Ich war glücklich in seiner Nähe. Jetzt ödet er mich an. Er ist langweilig und hockt nur vor seinem Computer. Unsere Beziehung ist so eingefahren wie bei einem alten Ehepaar, obwohl wir erst drei Jahre verheiratet sind. Ich will leben … Was soll ich bloß mit ihm anfangen?“ Wie kann es so weit kommen, dass sich zwei Menschen, die sich gegenseitig anziehend fanden, sich plötzlich gegenseitig abstoßen? Im weiteren Verlauf der Beratung stellte sich heraus, dass die junge Frau sehr gefühlsbetont und nach außen gewandt und in ihren Gefühlen sehr schwankend und unbeständig ist. Deswegen zog sie der ruhige, besonnene Freund besonders an. Und umgekehrt empfand er ihre lebhafte Art als beglückend. Nachdem das erste Feuer des erotischen Reizes etwas heruntergebrannt ist, entdecken sie zunehmend die Schattenseite des jeweilig anderen. Sie empfindet ihn als schweigsam und langweilig, wohingegen er sie für „ausgeflippt“ und „exzentrisch“ hält. Die Gegensätze, die vorher anziehend wirkten, werden zu Spannungsfeldern. Im Zustand des Verliebtseins ist die projektive Wahrnehmung auf das konzentriert, was anziehend wirkt. Die realen Schattenseiten werden erst im Laufe der

Zeit wahrgenommen. Dann kommt es zu Auseinandersetzungen und Machtkämpfen.

Was für die Partnersuche im Besonderen gilt, gilt auch für die Beziehungen im Allgemeinen. Würden wir unsere Licht- und Schattenseiten und die des anderen besser kennen, bliebe uns vieles erspart. Die Temperamentlehre, die Charakterkunde und die verschiedenen Persönlichkeitstypologien versuchen die personale Prägung zu beschreiben – „wie bin ich?“ Sie zeigen die Licht- wie auch Schattenseiten auf. Dabei geht es zunächst weder um die Wertung von „gut und böse“ oder „richtig und falsch“, sondern um das Verstehen dieser Prägung. Warum reagieren verschiedene Personen auf dasselbe Ereignis völlig unterschiedlich? Welche Licht- und welche Schattenseite gehören zu der jeweiligen Prägung? Diese Merkmale gleichen den Farben, mit denen ein Mensch sein Lebensbild malt. Einige dieser Ansätze sollen im Folgenden kurz beschrieben werden.

## Die Temperamente nach Hippokrates

Die erste Temperamentlehre entwickelte der griechische Arzt Hippokrates (gest. 377 vor Christus). Er unterschied vier Temperamente:

- Der *Sanguiniker* ist eine Frohnatur mit vielfältigen sozialen Kontakten. Er neigt allerdings auch zur Oberflächlichkeit.
- Der *Melancholiker* ist einerseits schwermütig und ernst, andererseits ist er aber auch tief- und feinsinnig.
- Der *Choleriker* ist schnell erregbar und energisch. Da er sehr zielstrebig ist, wirkt er nicht selten unsensibel auf andere.
- Der *Phlegmatiker* zeichnet sich dadurch aus, dass er beständig ist. Jedoch braucht er sehr lange, bevor er sich zum Handeln entscheidet.

Diese vier Grundformen haben bis heute nichts von ihrer Gültigkeit verloren. Da sie aber nur grobe Einteilungen sind, kamen im Laufe des 20. Jahrhunderts differenzierende Charakterbeschreibungen hinzu.

## Die Charakterkunde nach C.G. Jung

Der Tiefenpsychologe Carl Gustav Jung entdeckte weitere Kriterien für die Charakterkunde. Er beschreibt einen Menschen zusätzlich in sozialer und emotionaler Hinsicht: In sozialer Hinsicht charakterisierte er Menschen als *introvertiert* (zurückgezogen) oder *extrovertiert* (nach außen gewandt). In emotionaler Hinsicht unterteilt er einen Charakter als *stabil* (beständig, dominant, initiativ) oder *labil* (empfindlich, wechselhaft, defensiv).

## Die Charakterkunde nach F. Riemann

Einen weiteren Ansatz lieferte Fritz Riemann durch „Die vier Grundformen der Angst". Um Riemann nicht falsch zu verstehen, muss man wissen, dass er mit seinen Kriterien keine Krankheitsbilder, sondern ganz normale Charaktereigenschaften beschreibt:

- » Die „*schizoide* Person" hat Angst vor Hingabe, vor Nähe und Gefühl. Sie wehrt diese Angst dadurch ab, dass sie analysiert, durchdenkt, abwägt und sich emotional zurückzieht.
- » Die „*depressive* Person" hat Angst vor Verlust, Trennung und Distanz. Sie wehrt die Angst ab durch Bindungen und verzichtet auf die eigenen Bedürfnisse.
- » Die „*zwanghafte* Person" ängstigt sich vor Veränderung und vor Unsicherheit. Ihre Abwehr versucht sie durch Ordnung, Beständigkeit und Perfektion herzustellen.
- » Die „*hysterische* Person" ängstigt sich vor Festlegungen durch Notwendigkeiten im Leben, vor der Einengung ihrer persönlichen Entfaltung. Sie flüchtet sich gern in die Erlebnisfülle.

## » Impuls:

- » In welchen Charakterbeschreibungen finden Sie sich wieder (Hippokrates, Jung, Riemann)?
- » Wie ist Ihr Verhalten bei Stress?
- » Was sind Ihre Freizeitvorlieben?

## Ein Hilfsmittel

Ein weiteres Hilfsmittel zur Selbsterkenntnis ist die Persönlichkeitstypologie nach dem Enneagramm. „Ennea“ kommt aus dem Griechischen und heißt „neun“. Im Enneagramm geht es um die neun Prägungen der Seele. Die dieser Typologie zugrunde liegende Vorstellung geht auf die Eremiten zurück, jene mönchischen Wüstenväter zu Beginn des vierten Jahrhunderts, die sich in der Einsamkeit der Wüste um die Selbsterforschung bemühten. So lautete eines ihrer Grundprinzipien: „Willst du Gott erkennen, lerne vorher dich selber kennen.“

Sie fanden neun Strukturen heraus, die jeweils ihre hellen wie dunklen Seiten hatten. Dieses Wissen ging im Laufe der Geschichte verloren. Lediglich in den sogenannten „Tod- oder Wurzelsünden“ blieb etwas davon in der katholischen Kirche erhalten. In den letzten Jahrzehnten wurde diese Typologie wieder neu entdeckt und zum Enneagramm weiterentwickelt. Es geht beim Enneagramm nicht um ein Schubladendenken, sondern im Gegenteil um die Entwicklungsmöglichkeiten, die jedem Typus potenziell zugrunde liegen. Schon im antiken Griechenland benutzte man gern Tierfabeln, um menschliche Charaktereigenschaften symbolhaft auszudrücken. Diese „Symboltiere“ sollen zur Veranschaulichung hier angedeutet sein, um die neun Prägungen in Kürze darzustellen:

### Typus 1: (Biene, Terrier)

Ein Mensch dieser Seelenstruktur wird auch der „Reformer“ genannt. Er hat eine tiefe Sehnsucht nach der Vollkommenheit. Jedoch erfährt dieser Mensch die Welt als höchst fehlerhaft, ungerecht und unvollkommen. Auch macht ihm sein eigenes Versagen zu schaffen. Das erzeugt in ihm eine gewisse Spannung, die sich in Druck und Aggression mitteilt. Er wirkt oftmals verkrampft, gehetzt oder kleinlich auf seine Umwelt. Die Herausforderung für Menschen dieses Typus liegt darin, das Leben als unverdientes Geschenk mit einer humorvollen Gelassenheit auch genießen zu können.

### Typus 2: (Katze, Bernhardiner)

Hierbei handelt es sich um ausgesprochene Helfernaturen. Sie haben eine tiefe Sehnsucht nach Liebe. Die Erfahrung, die diese Menschen häufig machen, ist von Kälte, Herzlosigkeit und Brutalität gekennzeichnet. Unerwünscht, ungeliebt und nutzlos zu sein erfüllt sie selbst mit großer Daseinsangst. Deswegen wenden sie sich unbewusst den Hilfsbedürftigen zu. Hier finden sie Bestätigung und erleben das Gefühl von Stolz. Oftmals binden sie andere Menschen an sich, was diese nicht immer als wohltuend empfinden. Wenn der Helfer jedoch seine eigene Bedürftigkeit wahrnimmt und annimmt, kann er seine Hilfe von egoistischen Erwartungen befreien und anderen den entsprechenden Freiraum zur Entfaltung lassen.

### Typus 3: (Adler, Biber)

Menschen dieser Prägung haben eine ausgesprochene Sehnsucht nach dem Erfolg und dem Glanzvollen. Sie lieben es, im Rampenlicht der Bewunderung zu stehen. Niederlagen oder Ablehnungen ängstigen sie in besonderem Maße. Häufig neigen diese Menschen dazu, ihre Wirklichkeit schönzureden oder in ein Rollenspiel zu verfallen. Wenn jedoch ein Mensch dieses Typus zu seinen Defiziten und Schattenseiten steht, dann kann er zu einem gereiften und authentischen Menschen werden.

### Typus 4: (radschlagender Pfau, edler Rappe)

Für den „Romantiker“ hat das Stimmige und Schöne eine große Bedeutung. Die Erfahrung beschert ihm aber viele unstimmige und hässliche Seiten des Lebens. So sehnt er sich nach einer anderen Welt und hat oft das Gefühl, nicht wirklich in diese Welt zu passen. Die Tiefe seiner Gefühle lässt ihn kreativ und schöpferisch sein. Wenn er sich nicht allein von seiner Befindlichkeit, sondern auch von seinen Pflichten leiten lässt, dann findet er zu einer Ausgeglichenheit und Balance im Leben.

### Typus 5: (Eule, Fuchs)

Dem „Beobachter" macht das Unübersichtliche und Chaotische Angst. Er braucht den Überblick und will die Dinge verstehen. Zu viele Gefühle wirken bedrohlich. Deswegen sucht er den Abstand und zieht sich gerne zurück. So hat es den Anschein, dass er mit sich geizt. Er sammelt gern Wissen oder Dinge, was ihm wiederum das Gefühl von Sicherheit gibt. Dieses Sammeln kann jedoch zur Habsucht werden. Wenn der Beobachter aber seinen inneren Halt findet, dann kann er sich und die gewonnene Fülle verschenken und so zum Segen für andere werden.

### Typus 6: (Hase, Schäferhund)

Der „Loyale" sehnt sich nach Geborgenheit. Die Welt ist voller Gefahren und lehrt ihn das Fürchten. Aber die Gemeinschaft mit Gleichgesinnten bietet ihm eine gewisse Sicherheit. Deswegen sucht er diese Gemeinschaft und passt sich dieser bis zur Unkenntlichkeit an. Dabei vergisst er seine eigenen Bedürfnisse. Aus Angst traut er sich nicht, diese auszuleben. Wenn er aber Vertrauen spürt, dann wachsen in ihm der Mut und die Freiheit.

### Typus 7: (Affe, Schmetterling)

Der Mensch dieser Struktur ist ein ausgesprochener Glückssucher und „Schmerzvermeider". Die Welt ist ein Abenteuerspielplatz, auf dem es viel zu erleben gibt. Den unangenehmen oder langweiligen Seiten versucht er schnell aus dem Weg zu gehen. Das kann ihn allerdings auch oberflächlich und maßlos machen. Er muss es lernen, innezuhalten und zu bleiben, um echte Dankbarkeit und tiefe Freude zu spüren.

### Typus 8: (Löwe, Gorilla)

Menschen dieser Struktur sind die geborenen „Chefs". Für sie sind Kraft und Stärke außerordentlich wichtig. Gleichzeitig fürchten sie Abhängigkeit und Unterlegenheit. Die Welt erleben sie als Kampfplatz. Ihre dominante, raumgreifende Erscheinung lässt sie häufig die Schwächeren ausnutzen und die Grenzen des Respekts überschreiten. Wenn Menschen dieses Typus jedoch ihre eigenen weichen Seiten entdecken, können sie sich großmütig für Schwächere einsetzen.

### Typus 9: (Elefant, Delfin)

Der Wunsch nach Harmonie ist bei einem Menschen dieses Typus besonders ausgeprägt. Aus der konfliktreichen Welt zieht er sich gern in seine Innenwelt zurück. Die Flucht vor den Herausforderungen des Lebens kann ihn allerdings auch träge werden lassen. Gewohnheiten geben ihm das Gefühl eines konfliktfreien Raumes. Wenn er den Frieden in sich erlebt, dann übernimmt er tatkräftig die Verantwortung für sich und andere.

**Eine Typologie kann helfen, die persönliche Einmaligkeit und Einzigartigkeit zu entdecken.**

Die Typen 2, 3, 4 sind besonders im *Fühlen* ausgeprägt, während 5, 6, 7 ihr Schwergewicht im *Denken* haben. Das *Wollen* steht für 1, 8, 9 im Vordergrund. Selten wird sich ein Mensch mit einem Typus vollkommen identifizieren. Häufig kommt es zu Überschneidungen mit dem benachbarten Typus. Typus 4 kann sich also mit dem Typus 5 oder 3 überschneiden. Man spricht in diesem Fall von einem „Flügel".

Bei der Suche nach seinem persönlichen Typus kann man gemäß der Reduktionsmethode vorgehen, bei der man nacheinander ausschließt, was man nicht ist. Das Gespräch mit einem vertrauten Menschen ist in dieser Hinsicht ebenfalls hilfreich und kann die persönliche Einschätzung erleichtern. (Mittlerweile gibt es auch zahlreiche Tests zur Typusbestimmung.)

Eine Typologie darf nicht dazu missbraucht werden, andere Menschen festzulegen. Ein Mensch geht niemals in seiner psychischen Struktur auf. Vielmehr gilt es, die persönliche Einmaligkeit und Einzigartigkeit zu entdecken. Dazu kann jede Typologie eine kleine Verstehenshilfe sein. Sie bietet eine Chance zur Persönlichkeitsentfaltung. Denn niemand ist auf seinen Typus fixiert, sondern ist zur Entscheidung befähigt, ob er seiner Prägung folgt oder nicht. Durch die Erkenntnis seiner tiefsten Sehnsucht, seiner Angst und Abwehr, ist es einem Menschen möglich, eine Persönlichkeitsentwicklung anzustreben, die ihm zur Lebensaufgabe wird.

### » Impuls:

- » Bei welchem Typus können Sie sich wiederfinden?
- » Welches sind Ihre Licht- und Schattenseiten?
- » Welche Entwicklungspotenziale sind damit verbunden?

### » Zusammenfassend halten wir fest:

- » Eine Sinnsuche muss die Zeit- und Kulturgeschichte der Heimat berücksichtigen.
- » Wir müssen unsere bisherige Lebensgeschichte in die Sinnentfaltung einbeziehen.
- » Jedes Lebensalter eröffnet Chancen und Gefährdungen im Sinngefüge.
- » Charakterprägungen sollten wir als sinnstiftende Größen ernst nehmen.

### » Literaturhinweise:


- » Fritz Riemann: *Grundformen der Angst*, München 1961.
- » Richard Rohr, Andreas Ebert: *Das Enneagramm*, München 1999.

# 6. Der Blick auf den Gipfel – Hoffnung

*Gedenkt nicht an das Frühere und achtet nicht auf das Vorige!*
*Denn siehe, ich will ein Neues schaffen, jetzt wächst es auf, erkennt ihr's denn nicht?*
*Ich mache einen Weg in der Wüste und Wasserströme in der Einöde.*
*Das Wild des Feldes preist mich, die Schakale und Strauße;*
*denn ich will in der Wüste Wasser und in der Einöde Ströme geben,*
*zu tränken mein Volk, meine Auserwählten;*
*das Volk, das ich mir bereitet habe, soll meinen Ruhm verkündigen.*
*(Jesaja 43,18-21)*

**» Impuls:**

- » Welche Hoffnungen entnehmen Sie dem Abschnitt aus dem Buch des Propheten Jesaja?
- » Henry Ford sagt: „*Scheitern ist eine wunderbare Gelegenheit, Dinge auf der Basis neu gewonnener Erkenntnisse in Zukunft besser zu machen.*" Wo sind Sie in Vergangenheit gescheitert? Welche Hoffnungen haben Sie für die Zukunft?

## Die Zuversicht

Unser Wanderer kommt plötzlich aus einem dichten Wald auf eine kleine Anhöhe, von der er plötzlich den unverstellten Blick auf den Gipfel hat, der merklich näher gekommen ist. Plötzlich sieht das Ziel gar nicht mehr so unerreichbar fern aus. Neu motiviert geht er weiter. Der Blick nach vorn ist wichtig, um das erstrebte Ziel im Auge zu behalten. Die Schwierigkeit im Hinblick auf die Zukunft ist, dass sie uns verborgen ist.

Lebenssinn erschließt sich nicht allein aus den Erfahrungen der Vergangenheit und den Aufgaben der Gegenwart, sondern auch aus der Hoffnung für die Zukunft. Hoffnung ist für die menschliche Seele wie der Sauerstoff für die Lunge. Zum Beispiel weckt das Wort „Neu" auf einem Produkt eine Neugier und Aufmerksamkeit. Die Hoffnung ist wie ein Scheinwerfer, der die verborgene Zukunft erfassen will. Sie erweitert die reale Gegenwart um die zukünftige Möglichkeit. Hoffnung ist damit eine starke Zugkraft. Sie formt die Gegenwart in Richtung Zukunft. Die Zuversicht gibt Kraft zu höchsten Anstrengungen, um Probleme zu überwinden. Sie hilft Entbehrungen auf sich zu nehmen um eine bessere Zeit zu erstreben. Wo es keine Hoffnung gibt, fehlt es an Lebenskraft für die Gegenwart. Alle Energie kann absorbiert werden vom täglichen Aufgabenprogramm. Die Hoffnung weist über die augenblicklichen Schwierigkeiten, Begrenzungen und Aussichtslosigkeit hinaus. Und die Hoffnung stirbt bekanntlich zuletzt.

**Hoffnung ist für die menschliche Seele wie der Sauerstoff für die Lunge.**

Viktor Frankl schreibt als Ergebnis seiner KZ-Erfahrungen, dass die Gefangenen „am ehesten fähig waren zu überleben, die auf Zukunft hin orientiert waren, auf ein Ziel in der Zukunft, auf einen Sinn, den es in der Zukunft zu erfüllen galt".

Vaclav Havel hat gesagt: „Hoffnung ist nicht die Überzeugung, dass etwas gut ausgeht, sondern die Gewissheit, dass etwas einen Sinn hat, egal wie es ausgeht."

Unter diesem Aspekt sind Zukunftsängste kraftraubend für den Seelenhaushalt. Angesichts der vielen ungelösten Fragen sind mehr Hoffnungs- als Bedenkenträger gefragt. Sicherlich stimmt auch die Aussage von Nietzsche: „Leben heißt Hoffnungen begraben." Aber das Begräbnis sollte eher den Illusionen, den unreifen Wunschträumen gelten, die einen Lebenssinn vernebeln. In der Bibel nimmt das Thema Hoffnung einen breiten Raum ein. Im Brief an die Hebräer wird die Hoffnung mit dem Vertrauen verbunden: „Es ist aber der Glaube eine feste Zuversicht auf das, was man hofft, und ein Nichtzweifeln an dem, was man nicht sieht" (11,1).

Viele Persönlichkeiten des Glaubens empfingen gerade aus der Hoffnung die Kraft, ihre Leidenserfahrungen zu überwinden. Der Apostel Paulus z.B. konnte Entbehrungen und Verfolgung aushalten, weil seine Hoffnung ihn beflügelte. An die Philipper schrieb er: „Ich vergesse, was hinter mir liegt, und strecke mich aus nach dem, was vor mir ist. Ich jage dem vorgesteckten Ziel nach, dem Siegespreis der himmlischen Berufung Gottes in Christus Jesus" (Phil 3,13.14).

**» Impuls:**

- » Was ist Ihre Hoffnung für die nächsten fünf Jahre?
- » Welche Veränderung sollte bis dahin eingetreten sein?
- » Was soll Ihr Leben bis zu seinem Ende ausdrücken? (Was könnte/sollte in einer Traueransprache über Sie auf dem Friedhof gesagt werden?)

## Die Vision

Lebensträume gestalten Lebensentwürfe. In uns reifen Ideen heran, die wir in unserem Leben verwirklichen möchten. Kinder sprechen offen davon: „Wenn ich einmal groß bin …", und Erwachsene schmieden Pläne. Lebenswege und Lebensvisionen hängen eng zusammen. Persönlichkeiten zeichnen sich oft dadurch aus, dass sie einer Lebensvision folgen.

Angelika Wohlenberg z.B. erlebte in ihrer Kindheit viele Missionare aus fernen Ländern. In ihr wuchs die Sehnsucht, später auch einmal Missionarin in Afrika zu werden. Die Erwachsenen taten das als Kindheitstraum ab. Aber sie blieb auch in der Jugendzeit ihrem Traum treu, indem sie eine Ausbildung als Krankenschwester und Hebamme abschloss. Dann wurde ihre Berufung konkret, sie wurde nach Afrika zu den Massai gesandt. Ihre Lebensmission führte sie nicht nur in viele Aufgaben der medizinischen Versorgung, der sozialen Projekte und der evangelistischen Dienste. Ihre Berufung gab ihr über viele Jahre hinweg die Kraft in der außergewöhnlichen Aufgabe zu stehen, die sie heute noch ausfüllt.

**Lebensträume gestalten Lebensentwürfe.**

So eine Lebensvision ist eher selten. Wer aber überhaupt keinen Lebensentwurf in sich trägt, seine Wünsche, Hoffnungen und Sehnsüchte nicht kennt, dem mangelt es auch an Dynamik über die augenblickliche Befindlichkeit hinaus. Wer nicht den Mut zum Träumen hat, hat keine Kraft zum Handeln. Lebensträume stehen häufig am Anfang zu einer kreativen Entwicklung.

*Ich habe in meinem Leben herausgefunden, dass die Sehnsucht die einzig ehrliche Eigenschaft des Menschen ist.*
*(Ernst Bloch, zum 90. Geburtstag)*[7]

Auf die Frage: „Was bewegt mich?" können Menschen selten eine tiefer gehende Auskunft geben. Der Alltagstrott vermittelt uns vielfach das Gefühl, gelebt zu werden, statt das Leben aktiv zu gestalten. Trotzdem haben wir eine Sehnsucht danach, für ein Ziel zu leben. Nicht umsonst knüpfen etliche Slogans daran an: „Heute schon gelebt?" „Lebe deinen Traum. Verträume nicht dein Leben." „Erfüllen Sie sich Ihren Traum." „Fülle deine Tage mit Leben und nicht dein Leben mit Tagen." Alle diese Appelle fordern zu einer aktiven Lebensgestaltung auf. Sie bleiben aber ohne Wirkung und Konsequenz, wenn die tatsächlichen Wünsche gar nicht bewusst sind.

**Wer nicht den Mut zum Träumen hat, hat keine Kraft zum Handeln.**

Durch die Traumforschung wissen wir, dass wir nachts nicht nur die Tageserlebnisse verarbeiten, sondern auch Konflikte, unbewusste Wünsche und Sehnsüchte bearbeiten. Nachts gibt ein Mensch seine bewusste Kontrolle auf und wird dadurch empfänglicher für Wahrnehmungen, die ihn unmittelbar angehen. So erfahren Menschen auch Wegweisungen zur Sinnerfüllung. Insofern sprechen wir von einem „Traum" nicht nur im Sinne des nächtlichen Träumens, sondern auch von einem Leitbild, das Orientierung für die Zukunft gibt, einer Vision für das Leben.

In der Bibel wird von Berufungen durch Träume berichtet. Jakob wurde durch einen Traum zum Stammvater des Volkes Israel berufen (1. Mose 28,10-15). Samuel erhielt seinen Auftrag als Prophet in einem Traum (1. Samuel 3,1-10). Josef bekam als Verlobter Marias in einem Traum konkrete Aufträge (Matthäus 1,20.24; 2,13.19.20). Petrus erhielt durch einen Traum die Anweisung, auch den Nichtjuden das Evangelium zu bezeugen (Apostelgeschichte 10) und Paulus wurde durch einen nächtlichen Traum gerufen, nach Europa zu gehen und dort zu wirken (Apostelgeschichte 16,9).

Das Wort „Motivation" ist aus dem lateinischen „movere" (bewegen) abgeleitet. Motivierend ist eine Herausforderung dann, wenn sie gleichzeitig auch einen Kräftezuwachs hervorruft. Die Spannung zwischen Soll und Haben, dem Anspruch und der Wirklichkeit, wird zu einer bewegenden Kraft. Wo allerdings diese Spannung zu groß wird, droht eine Überspannung.

Die Bewusstwerdung unserer Träume ist ein notwendiger erster Schritt zu ihrer Erfüllung. Was dann allerdings nicht zur Tat wird, hat auch keinen Wert. Das entfernte Ziel wird nur durch konkrete Schritte in die vorgegebene Richtung erreicht. Ansonsten bleibt es bei dem träumerischen Lebensentwurf. Martin Buber, der jüdische Religionsphilosoph, formuliert es so: „Es kommt einzig darauf an, bei sich zu beginnen, und in diesem Augenblick habe ich mich um nichts anderes in der Welt als um diesen Beginn zu kümmern. Jede andere Stellungnahme lenkt mich von meinem Beginnen ab, schwächt meine Initiative dazu, vereitelt das ganz kühne und gewaltige Unternehmen. Der archimedische Punkt, von dem aus ich an meinem Ort die Welt bewegen kann, ist die Wandlung meiner selbst …“[8]

Ein Beispiel dazu: Olaf hatte als Jugendlicher ein Musikinstrument erlernt. Dann folgte der Lebensabschnitt, wo das Berufsleben und die Familie wenig Zeit für das Instrument übrig ließen. Im Alter von 50 Jahren holt er das Instrument wieder hervor und er spürt, wie gut ihm das Spielen tut. Nachdem er in Rente gegangen ist, nimmt er Unterricht, übt fleißig, trifft sich mit anderen, um gemeinsam Musik zu machen. Schließlich wird er ein gefragter Spieler, tritt öffentlich auf und gibt eine CD heraus. Das verleiht seinem Leben einen bedeutenden Schaffenswert und gleichzeitig einen Erlebniswert in sozialer Hinsicht.

**» Impuls:**

- » Haben Sie nächtliche Träume gehabt, an die Sie sich noch nach langer Zeit erinnern?
- » Gab oder gibt es Lebensträume, die Ihnen zum Leitbild wurden?
- » Welche Lebensträume sind zerplatzt?

## Die Reifung

Leben ist seiner Bestimmung nach immer auf Reifung angelegt. Der Mensch ist von Beginn an ein „Werde-Wesen“. Das Alter kommt von allein, Reifung aber muss angestrebt werden. Lebenssinn und Reifung sind aufeinander bezogen. Während der äußere Körper des Menschen auf Verfall hin angelegt ist, verlangt die Innenseite nach Reifung (vgl. 2. Korinther 4,16). Gorch Fock prägt den Ausspruch: „Wir können unser Leben weder verlängern noch verbreitern – wir können es nur vertiefen."

Wir Menschen sind herausgefordert zur Entfaltung unserer Persönlichkeit, uns weiterzuentwickeln, eine Vervollkommnung dessen anzustreben, was in uns angelegt ist.

„Werde, der du bist", lautet eine Aufforderung von Friedrich Nietzsche. Ein Mensch kann seine Reifung entfalten oder sie verhindern. Der Dichter Friedrich Rückert (1788-1866) geht in einem Reim davon aus, dass in uns ein inneres Bild vorhanden ist, wohin wir uns entwickeln:

*In jedem lebt ein Bild, des, das er werden soll.*
*So lang dies nicht ist, ist sein Friede noch nicht voll.*

Abraham Maslow stellt fünf Merkmale für eine gereifte Persönlichkeit zusammen:

1. Eine realistische Selbst- und Fremdeinschätzung.
2. Eine Selbstannahme und Toleranz anderen gegenüber.
3. Die bewusste Wahl von Werten.
4. Eine eigenständige Gestaltung der Gegenwart.
5. Die Erfahrung mit dem Metaphysischen.

Gerade in der zweiten Lebenshälfte kann die Reifung zu einer Persönlichkeit große Bedeutung bei der Suche nach Sinn erlangen.

Die Einsiedlermönche in der Frühzeit des Christentums (vgl. S. 70) stellten einen Lasterkatalog auf, in dem sie die Wesenssünden benannten. Diese galten als Fehlausrichtungen einer Person, die den Weg zur Sinnerfüllung in die Irre leiten. Diesen Fehleinstellungen stellten sie die Tugenden als die zu erstrebenden Charakterzüge gegenüber, die sie durch geistliche Übungen zu verwirklichen suchten:

1. Zorn – Gelassenheit
2. Stolz – Demut
3. Lüge – Wahrhaftigkeit
4. Neid – Ausgeglichenheit
5. Geiz – Weisheit
6. Angst – Mut
7. Unmäßigkeit – Enthaltsamkeit
8. Brutalität – Barmherzigkeit
9. Trägheit – Verantwortung

In der Psychologie redet man gern von dem sogenannten „Schatten“, wie schon eine alte Volksweisheit besagt: „Wo Licht ist, da ist auch Schatten.“ Das heißt, dass persönliche Stärken immer auch mit destruktiven Wesenszügen verbunden sein können. Diese unangenehmen Eigenschaften werden jedoch von der betreffenden Person nur begrenzt wahrgenommen, da man sie sich selbst oder vor anderen nicht eingestehen möchte. Hermann Hesse schreibt zu Recht: „Was nicht in uns ist, das regt uns auch nicht auf.“ So projizieren wir negative Eigenschaften viel lieber auf andere, als sie bei uns selbst wahrzunehmen. Je mehr jemand aber seine eigenen Schattenseiten kennt, desto weniger wird er andere diesbezüglich verurteilen. Wer sie erkennt und akzeptiert, hat die Chance sie zu zähmen. In der psychologischen Fachsprache heißt das dann „Integration“. Luise Rinser bringt anschaulich zum Ausdruck, was für sie Integration ist:

> *Der Wolf ist … das Bild für das Schwierige im Leben, für das, was ich zu bewältigen habe. Der Wolf ist ein Wolf und bleibt immer ein Wolf. Aber seit ich gelernt habe, diesen gefährlichen Wolf zu umarmen, lebe ich friedlich mit ihm.*[9]

Integration führt zu einer Persönlichkeitsentwicklung und bedeutet einen Zuwachs an Echtheit, Vitalität und Reifung.

## » Impuls:

- » Wie sieht Ihr Idealbild von sich selbst aus?
- » Zu welchem ideellen Wert (entsprechend der Gegenüberstellung 1-9 auf S. 81) sind Sie in der Persönlichkeitsreifung herausgefordert?

## » Zusammenfassend halten wir fest:

- » Hoffnung steckt den Horizont für die Sinnfindung ab.
- » Lebensträume können wegweisend für die Sinnfindung sein.
- » Menschen sind auf charakterliche Reifung angelegt.

## » Literaturhinweis:

- » Anselm Grün: *Buch der Lebenskunst*, Augsburg 2002.
- » Hanna Schott, *Mama Massai*, Gießen 2006.

# 7. Im Schatten der steilen Felswand – die Frage nach dem übergeordneten Sinn

*Im Anfang war der Sinn,*
*und der Sinn war bei Gott,*
*und Gott war der Sinn.*
*Derselbe war im Anfang bei Gott.*
*Alle Dinge sind durch denselben gemacht,*
*und ohne denselben ist nichts gemacht,*
*was gemacht ist.*
*(Johannesevangelium 1,1-3, eigene Übertragung)*

Im Johannesevangelium steht in den ersten Versen das Wort „Logos", was als „Wort", aber auch als „Sinn" oder „Bedeutung" übersetzt werden kann. Wie unterschiedlich die Sinn-Perspektiven auf das Leben ausfallen können, zeigt ein schwedisches Waldmärchen:

*An einem schönen Sommertage war um die Mittagszeit eine Stille im Wald eingetreten. Die Vögel steckten die Köpfe unter ihre Flügel. Alles ruhte. Da reckte ein Buchfink sein Köpfchen hervor und fragte: Was ist eigentlich das Leben? Alle waren betroffen über diese schwierige Frage. Die Rose entfaltete gerade ihre Knospe und schob behutsam ein Blatt nach dem anderen heraus. Sie sprach: Das Leben ist eine Entwicklung. Weniger nachdenklich veranlagt war der Schmetterling. Lustig flog er von einer Blume zur anderen und sagte: Das Leben ist lauter Freude und Sonnenschein. Drunten am Boden schleppte eine Ameise einen Strohhalm, zehnmal länger als sie selbst, und war der Meinung: Das Leben ist ein Wechsel von Arbeit und Vergnügen. Wo so kluge Reden geführt wurden, streckte der Maulwurf seinen Kopf aus der Erde und sagte: Das Leben ist ein Kampf im Dunkeln. Die Elster, die selbst nichts weiß und nur vom Spott der anderen lebt, sagte: Was ihr für weise Reden führt! Man sollte meinen, was ihr für gescheite Leute seid! Es hätte fast einen Streit gegeben, wenn nicht ein leichter Regen eingesetzt*

*hätte, der war der Ansicht: Das Leben besteht aus Tränen, nichts als Tränen. Dann zog er weiter zum Meer. Dort brandeten die Wogen und warfen sich mit aller Gewalt gegen die Felsen und stöhnten: Das Leben ist ein stets vergebliches Ringen nach Freiheit. Hoch über ihnen zog majestätisch ein Adler seine Kreise, der frohlockte: Das Leben, das Leben ist ein Streben nach oben. Nicht weit davon stand eine Weide, die hatte der Sturm schon zur Seite gebogen. Sie ächzte: Das Leben ist ein „sich Neigen" unter eine höhere Macht. Dann kam die Nacht. Mit lautlosem Flug glitt ein Uhu durch das Geäst des Waldes und krächzte: Das Leben heißt: Die Gelegenheit nutzen, wenn andere schlafen. Und schließlich wurde es still im Wald. Nach einer Weile ging ein junger Mann durch die menschenleeren Straßen nach Hause. Er murmelte vor sich hin: Das Leben ist ein ständiges Suchen nach Glück und eine Kette von Enttäuschungen.*
*Auf einmal stand die Morgenröte in ihrer vollen Pracht am Horizont und sprach: Wie ich, die Morgenröte, der Beginn des kommenden Tages bin, so ist das Leben der Anbruch der Ewigkeit.*[10]

**» Impuls:**

» Was besagen die ersten Verse des Johannesevangeliums für Sie?
» Welche Deutung des Lebens in dem schwedischen Waldmärchen spricht Sie am meisten an?

## Die Bedeutung

Der Wanderer muss noch einmal ein Tal durchschreiten, bevor er dann den letzten Aufstieg zum Gipfel in Angriff nehmen kann. In diesem Tal ist die Sonne plötzlich von langen Schatten überdeckt. Er sieht vor sich nur noch eine steile Felswand – den Gipfel dahinter nicht mehr. Aber es gibt ihn! Er weiß es! Diesen Gipfel will er erreichen! Er darf sich die Sicht nicht verstellen lassen von den Wäldern und dem manchmal schwer durchdringlichen Gestrüpp, durch das er hindurch muss, bevor er die Baumgrenze erreicht hat.

Auf einer höheren Ebene begegnet uns die Frage nach dem Sinn erneut:

» Was verleiht den einzelnen Lebensabschnitten den Bedeutungszusammenhang?
» Auf welches erstrebte Gesamtziel läuft das alles zu?
» Worin besteht ein übergeordneter Lebenssinn?

Als Menschen sind wir nicht nur Vernunftwesen, sondern auch Sinnwesen, die nach einem Zusammenhang fragen. Erfordert nicht die alltagswirkliche Vielfältigkeit einen übergreifenden Sinnzusammenhang? Bleiben nicht die durchlebten Sinnabschnitte von Kindheit, erster Liebe, Beruf, Familie und Abschieden völlig fragmentarisch ohne einen übergeordneten Sinn? Sind diese nicht Facetten, die nach einer Bedeutung fragen? Diese Fragen nötigen uns zu einer kritischen Selbstbesinnung. Ohne Antworten darauf fehlt uns jegliche Orientierung:

» Worauf kommt es an?
» Was ist die Hauptsache?
» Was ist zielführend für mein Leben?
» Wie soll und möchte ich leben?

Diese Fragen berühren die Weltanschauung, das kulturelle und religiöse Sinnsystem. Da es keine eindeutigen, allgemein verbindlichen Antworten gibt, reagieren Menschen auf die Sinnfrage bisweilen ablehnend:

» Ich will das Leben genießen und Spaß haben und mir nicht das Leben mit solchen grüblerischen Fragen belasten.
» Ich habe jetzt keine Zeit für eine so umfassende Frage. Ich muss zunächst andere Aufgaben erledigen.
» Warum soll ich mir über so eine Frage Gedanken machen, wenn es darauf ohnehin keine verbindliche Antwort gibt?
» Ich habe keine Wahl zur Gestaltung, da mein Leben so festgelegt ist.

Wer jedoch die Sinnfrage so abwehrt, nimmt weder die Verantwortung noch den Gestaltungsfreiraum seines Lebens wirklich ernst. Er ist wie ein Wanderer, der auf einer schönen Lichtung bleibt und darüber vergisst, dass es da ja eigentlich einen Gipfel gab.

Wir deuten nicht nur Lebenszusammenhänge, sondern wir gestalten auch Sinnentwürfe. Wir sind nicht nur Zuschauer und Darsteller, sondern auch Regisseure unseres Lebens. Wir sind in der Lage, die Berufung und die Bedeutung unseres Lebens zu erkennen und wahrzunehmen.

Leben ist mehr als das Durchleben von Gewohnheiten und das Aufgehen im Alltäglichen. Das Leben will interpretiert und gestaltet werden. Vaclav Havel sagt: „Die Tragödie des Menschen besteht nicht allein darin, dass er im Grunde immer weniger weiß über den Sinn des eigenen Lebens, sondern dass ihn das immer weniger beunruhigt."

**» Impuls:**

» Worin würden Sie derzeit den Bedeutungszusammenhang Ihres Lebens sehen?

## Die uralte Frage

Schon vor dreitausend Jahren stellte der nachdenkliche Prediger im Alten Testament auf seine Weise die Frage nach dem übergeordneten Sinn:

> *Was hat der Mensch von all seiner Mühe, die er hat unter der Sonne? (Prediger 1,3)*

Diese Frage kann dabei ganz unterschiedlich formuliert werden:

» Warum lebe ich überhaupt?
» Lohnt sich das Leben?
» Wozu lebe ich?
» Was ist das Ziel des Ganzen?
» Welche Bedeutung habe ich schon?
» Wohin gehe ich?

Die Sehnsucht danach scheint so alt zu sein, wie Menschen sich ihrer selbst bewusst sind. Philosophen und Theologen zerbrachen sich darüber die Köpfe: In der Antike suchte man vornehmlich das Glück

(Epikur) und die Tugend in der maßvollen Befriedigung der Grundbedürfnisse (Stoiker). Im Mittelalter war es das Ziel, in der kirchlich geregelten Nachfolge Christi zu der Vereinigung mit Gott zu kommen. In der Neuzeit galt es, durch die Vernunft die eigene Verantwortung für sein Leben wahrzunehmen. Während in Zeiten der Armut sich Menschen vorrangig fragten: „Wovon kann ich leben?", so galt in Zeiten der Sättigung eher die Frage: „Wofür will ich leben?"

Um auf diese Frage eine Antwort zu geben, opferten Menschen ihr Leben für Volk und Vaterland oder für die Durchsetzung von Gerechtigkeit und Freiheit. Andere resignierten achselzuckend und verweigerten sich der Sinnsuche ganz. Wiederum andere gaben sich mit der kurzfristigen Befriedigung von unmittelbaren Bedürfnissen zufrieden. Heinrich Heine stellte in seinem Gedicht „Fragen" die mühselige Suche des Menschen nach einem Sinn dar:

*Am Meer, am wüsten, nächtlichen Meer*
*steht ein Jüngling-Mann,*
*die Brust voll Wehmut, das Haupt voll Zweifel,*
*und mit düstern Lippen fragt er die Wogen:*
*„O löst mir das Rätsel des Lebens,*
*das qualvoll uralte Rätsel,*
*worüber schon manche Häupter gegrübelt,*
*Häupter in Hieroglyphenmützen,*
*Häupter in Turban und schwarzem Barett,*
*Perückenhäupter und tausend andre*
*arme, schwitzende Menschenhäupter –*
*Sagt mir, was bedeutet der Mensch?*
*Woher ist er kommen? Wo geht er hin?*
*Wer wohnt dort oben auf goldenen Sternen?"*
*Es murmeln die Wogen ihr ew'ges Gemurmel,*
*es weht der Wind, es fliehen die Wolken,*
*es blinken die Sterne, gleichgültig und kalt.*
*Und ein Narr wartet auf Antwort.*[11]

Jede Pflanze und jedes tierische Lebewesen erfüllt ungefragt seinen Zweck und seine Bestimmung. Sei es das Fressen oder das Gefressenwerden – es dient einem größeren ökologischen Zusammenhang.

Der Baum und der Spatz kennen die Sinnfrage nicht. Der Mensch hingegen ist vor die Wahl gestellt, welche Bedeutung er seinem Leben geben, welcher Aufgabe er sich stellen, was er mit seiner Lebenszeit anfangen will. Das Leben wird ihm zu einer Herausforderung, die er selbst zu bestimmen und zu bewältigen hat.

**» Impuls:**

- » Für wie wichtig halten Sie die Frage nach einem übergeordneten Sinn? (Welchen Wert messen Sie dieser Frage in einer Werteskala von 1–10 bei?)
- » Wie wirkt sich die ungelöste oder verweigerte Sinnfrage heute in unserer Gesellschaft aus?

## Die notwendige Frage

Die Frage nach dem übergeordneten Sinn ist eine der Kernfragen für den Menschen. Sie ist keine theoretische Luxusfrage, sondern eine existenzielle Lebensfrage mit praktischer Konsequenz für unser tägliches Leben. Albert Einstein sagt: „Wer sein eigenes Leben als sinnlos empfindet, ist nicht nur unglücklich, sondern auch lebensunfähig." Sinnlosigkeit bewirkt Müdigkeit, Unzufriedenheit, Mut- und Kraftlosigkeit, Lebensverneinung, Verzweiflung bis hin zum Suizid. Wer sein Leben als sinnlos empfindet, sehnt sich nach dem Gegenteil. Sinnlosigkeit setzt Sinn voraus wie der Durst das Wasser zum Trinken. Es gibt nicht nur die Triebe zum Überleben, zur Sexualität, zur Macht, sondern auch eine Sehnsucht nach Sinn. Lebenssinn vermittelt Lebenskraft, -mut, -freude und -glück.

Der russische Schriftsteller Leo Tolstoi stand auf der Höhe seines Erfolges, als ihn plötzlich eine Schwermut überfiel, die ihn an den Rand des Selbstmordes trieb. In dieser Zeit schrieb er: „Bevor ich nicht weiß wozu, kann ich nichts tun, kann ich nicht leben …" Der französische Schriftsteller Albert Camus bestätigt diese Lebenserfahrung: „Man kann nicht leben, wenn das Leben keinen Sinn hat."

Insbesondere die Frage nach dem Sterben zwingt uns die Sinnfrage auf. Das Leben ist begrenzt: Die Bibel spricht von 70 Jahren, „wenn's hoch kommt, so sind's 80 Jahre" (Psalm 90,10), inzwischen werden es immer häufiger auch ein paar Jahre mehr. Trotzdem: Wir sterben alle. Aber wir sind nicht nur geboren, um zu sterben. Der Tod nimmt uns nicht nur die fünf Sinne, sondern auch die Möglichkeit einer weiteren Sinnverwirklichung. Wir können unser Lebenskapital nur einmal ausgeben und wir müssen es ausgeben – aber wofür? Die Freiheit der Wahl nötigt uns, Antwort zu geben, nötigt zu einer Ver-Antwortung.

**Wir können unser Lebenskapital nur einmal ausgeben und wir müssen es ausgeben – aber wofür?**

Gerade die sinnwidrigen Ereignisse in unserem Leben – Krankheit, Arbeitslosigkeit, Scheidung, Schuld, Tod eines Angehörigen – fordern, um sie ertragen und überwinden zu können, dass wir unser Leben als sinnvoll empfinden. Wenn unser Lebensgebäude Risse bekommt, stellt sich uns die Frage nach seinem tragenden Grund und seiner inneren Architektur. Daher macht besonders Leid uns sensibel für die Sinnfrage. Der leidende Prophet Jeremia drückt es so aus: „Warum bin ich nur geboren? Um ein Leben zu führen, das mir nichts als Leid und Elend bringt?" (Jeremia 20,8)

Leidende Menschen stellen die Frage, wozu sie das Sinnwidrige ertragen sollen, warum sie weiterleben wollen. Sie können Unglaubliches ertragen, wenn sie davon überzeugt sind, dass es einen Sinn hat. Nietzsche bringt es auf den Punkt: „Wer ein Warum kennt, erträgt fast jedes Wie."

Menschen in den Generationen vor uns konnten Leiden ertragen, ohne dabei am Leben zu zerbrechen. Der protestantische Liederdichter Paul Gerhardt (1607–1676) erlebte den Dreißigjährigen Krieg mit Pest, Plünderungen und Hungersnöten und verlor zeitweise seine Anstellung als Pfarrer und damit sein Einkommen. Drei seiner vier Kinder starben früh, nur ein Sohn überlebte ihn. Auch seine Ehefrau verstarb im Alter von 44 Jahren. Und dennoch dichtete er Lieder, die bis heute tiefen Trost vermitteln wie zum Beispiel „Befiehl du deine Wege". Woher nahm er dieses Gottvertrauen und diese Kraft, sein Leben zu bewältigen?

Viktor E. Frankl versuchte als jüdischer Arzt im Konzentrationslager der Hölle einen Sinn abzuringen, um einen Grund zum Überleben zu haben. Er stellte sich vor, er werde nach seiner Befreiung aus dem KZ öffentliche Vorträge über seine Erfahrungen aus dieser Zeit halten. Der zunächst fiktive Sinn gab ihm Kraft, trotz des Sterbens um ihn herum ein Ja zum Leben zu wagen. Die Entdeckungen in seiner Gefangenschaft wurden Grundlage seines weiteren Wirkens, der sogenannten „vierten Wiener psychotherapeutischen Schule" – der Logo- bzw. Sinn-Therapie.

Wer hingegen keinen Sinn sieht, neigt dazu aufzugeben, selbst dann, wenn er im materiellen Überfluss lebt. Es fehlt ihm die notwendige Lebenskraft, einen dauerhaften Einsatz zu bringen. Wohlstand allein kann uns weder Lebenssinn noch Lebensglück vermitteln – eine Erfahrung, die wir im Nachkriegsdeutschland gemacht haben: Nachdem die äußeren Bedürfnisse befriedigt waren, trat eine gewisse Orientierungslosigkeit zutage. Die Bewegung der „68er" war nicht mehr bereit, die überkommenen Wertvorstellungen der Elterngeneration zu übernehmen und ging auf die Suche nach neuen Idealen und einem neuen Sinn. Bedürfnisbefriedigung bringt noch keine Sinnerfüllung, dem Wiederaufbau folgte „eine Zeit der vollkommenen Mittel und der verworrenen Ziele", so Carl Friedrich von Weizsäcker. Und schon der römische Philosoph Seneca sagt: „Wer nicht weiß, in welchen Hafen er will, für den ist kein Wind der richtige."

**Sinn im eigenen Leben setzt voraus, in dieser Welt einen Sinn zu erkennen.**

Das Zeitalter der Globalisierung ist geprägt von Schnelligkeit, Technisierung, Flexibilität und Pluralismus. Wir müssen mithalten, um nicht abgehängt zu werden, und müssen permanent aus einem übergroßen Angebot an Meinungen und Sinnanbietern auswählen. Herkömmliche sinnstiftende Strukturen lösen sich immer mehr auf. Hinzu kommen die Bedrohungen durch die anwachsende Weltbevölkerung, abnehmende Ressourcen, Arbeitslosigkeit, Klimawandel, Naturkatastrophen, Wirtschaftskrisen und der Terrorismus. Alle diese Herausforderungen geben der Sinnfrage ein zusätzliches Gewicht und erfordern einen übergeordneten Sinnhorizont, um den aufkommenden Unheilsszenarien standzuhalten. Seinem eigenen Leben einen Sinnzusammenhang zu verleihen, heißt daher auch, in dieser Welt einen Sinn zu erkennen.

**» Impuls:**

- » Wenn Sie heute die Diagnose bekämen, dass Sie nur noch eine begrenzte Lebenserwartung hätten:
  - » Was würden Sie gern noch erleben?
  - » Was müssten Sie noch dringend erledigen?
  - » Was würde Ihnen die Kraft geben, nicht vorzeitig aufzugeben?

## Die unbeantwortete Frage

Für viele Menschen bleibt die Sinnfrage eine offene Frage. Sie leben und fragen sich irgendwann nicht mehr „wozu". Gemäß dem Motto eines Ausspruchs aus dem Mittelalter könnte man sagen:

*Ich lebe und weiß nicht wie lang,*
*ich sterb und weiß nicht wann,*
*ich fahr und weiß nicht wohin,*
*mich wundert, dass ich so fröhlich bin.*

Wir leben in einer Zeit, in der die überkommenen Glaubensvorstellungen zerfallen sind. Die Welt verändert sich in einem atemberaubenden Tempo. Nicht wenige Menschen hetzen durch das Leben nach dem Motto des Mark Twain: „Als wir das Ziel aus den Augen verloren, verdoppelten wir unsere Anstrengungen."

Wie in einem Supermarkt oder in einer Cafeteria wählen Menschen nach ihrem momentanen Bedürfnis aus dem reichhaltigen Angebot der Weltanschauungen die ihnen passenden Elemente aus: Reinkarnation aus dem Hinduismus, Achtsamkeit aus dem Buddhismus, Soziallehre aus der Bibel, Astrologie aus der Esoterik. Ich erinnere mich an eine Karikatur in einer Zeitung: Ein Mann starrt vor sich hin und fragt grüblerisch: „Ich suche nach einer Bedeutung für mein Leben." Im Nebenraum liest die Ehefrau in einem Magazin, blickt kurz auf und antwortet: „Versuch es doch mal bei Google." Persönlich relevante Antworten finden sich allerdings weder bei Google noch Wikipedia noch im klassischen Lexikon. Wer ernsthaft nach einer Antwort sucht, muss sich auch einer ernsthaften Auseinandersetzung stellen.

Wer die Sinnfrage schnell und oberflächlich beantwortet, kann mit seinem Leben nur vordergründige Ziele beantworten. In den Umfragen stehen Gesundheit und Fitness, Familie und Freunde, Beruf und Karriere, Spaß und Geld hoch im Kurs. Wer jedoch Gesundheit zum Lebenssinn beispielsweise wählt, muss sich fragen lassen, wofür er denn die Gesundheit nutzen will. Ein französischer Philosoph und Schriftsteller bemerkte einmal ironisch: „In der ersten Hälfte des Lebens opfern wir die Gesundheit, um Geld zu erwerben, in der anderen opfern wir Geld, um die Gesundheit wieder zu erlangen. Und während dieser Zeit gehen Gesundheit und Leben von dannen."

**Wer die Sinnfrage oberflächlich beantwortet, kann im Leben nur vordergründige Ziele verfolgen.**

Ein übergeordneter Sinn muss über den momentanen, zweckdienlichen Nutzen hinausführen. Nutzen schafft noch keinen Sinn, ein Zweck dient einem höheren Ziel. Die Beschaffung der Lebensmittel kann nicht die tragende Lebensmitte sein. Geld und Geltung können nicht den Lebensinhalt ausmachen. Die Sinnfrage lässt sich auch nicht mit der Spaßfrage beantworten. Spaßmacher sind noch lange keine Sinnstifter. Permanente Unterhaltung lenkt sogar ab von den wirklich wichtigen Fragen, Internet und Massenmedien können viel Zeit in Anspruch nehmen und im Extremfall zu Sinn-Räubern werden. In Lebensratgebern finden sich sinnige Hinweise wie: „Vermeiden Sie fettes Essen. Bewegen Sie sich regelmäßig. Lesen Sie gute Bücher. Versuchen Sie, mit ihren Mitmenschen im Frieden zu leben …". Das alles mag gut und richtig sein, Lebenssinn verlangt aber nach mehr als dem Aneignen von guten Gewohnheiten. Die Lebensverlängerung ist nicht automatisch eine Sinnerweiterung.

Wenden wir uns bei der Sinnsuche den Wissenschaften zu, stoßen wir auf mehr Fragen als Antworten.

Die Geschichtswissenschaften weisen auf kein übergeordnetes Sinnmuster der Weltgeschichte hin. Historiker können zwar den Verlauf der Geschichte darstellen, aber daraus keinen Beitrag zur Sinndeutung ableiten. Entsprechende Versuche wie z.B. im Marxismus sind kläglich gescheitert.

Die Naturwissenschaften erklären die Naturabläufe. Sie helfen, die Gesetzmäßigkeiten zu verstehen und sich ihrer zu bemächtigen. Aber ein tieferer Sinn erschließt sich aus alledem nicht. Im Rahmen der Naturwissenschaften stellt sich die Sinnfrage nicht. Naturwissenschaftler müssen unabhängig von weltanschaulichen Voraussetzungen zu messbaren, für jedermann nachvollziehbaren Ergebnissen kommen. Ob z.B. ein Medikament Nebenwirkungen hat, muss unabhängig davon beurteilt werden, ob die Forscher, die die Tests durchführen, nun Christen, Buddhisten oder Atheisten sind.

Die naturwissenschaftliche Sichtweise verleitet viele zu dem Schluss: Der Mensch ist letztlich im Universum auf sich allein gestellt, so wie es der Nobelpreisträger Jacques Monod zum Ausdruck bringt: „Der Mensch muss endlich aus seinem tausendjährigen Traum erwachen und seine totale Verlassenheit erkennen. Er weiß nun, dass er seinen Platz wie ein Zigeuner am Rande des Universums hat, das für seine Musik taub ist und gleichgültig gegen seine Hoffnungen, Leiden oder Verbrechen.“ Damit allerdings ist die Grenze dessen, was die Naturwissenschaft sagen kann, überschritten und bereits eine weltanschauliche Aussage gemacht. Genau genommen kann der Naturwissenschaftler (bestenfalls) sagen, wie groß das Universum ist. Welchen Sinn es hat und ob der Mensch darin allein ist oder nicht – darüber kann der Naturwissenschaftler nichts mehr sagen. Dafür sind der Philosoph oder der Theologe zuständig.

**Die Frage nach dem übergeordneten Sinn können die Wissenschaften nicht beantworten.**

Befragen wir die Philosophie, denn Philosophie heißt übersetzt: „Liebe zur Weisheit“. Doch sie kennt keine allgemein verbindlichen Einsichten, sondern viele unterschiedliche Antworten:

» Eine *hedonistische Weltsicht* prägt einen spaßorientierten Lebensstil.
» Eine *materialistische Weltsicht* strebt nach Besitz und Sicherheiten.
» Eine *utilitaristische Weltsicht* fragt nach Nutzen und Karriere.
» Eine *humanistische Philosophie* zielt auf Selbstvervollkommnung.

Alle diese Sinnangebote greifen jedoch letztlich zu kurz, wenn es darum geht, die individuelle Bedeutung und die eigene Spur zu finden. Jean Paul Satre bringt es gar zu der anstößigen Formulierung: „Der Sinn des Lebens ist der Unsinn.“

Der Dramatiker Eugène Ionesco bekennt:

> *Kein Arzt unter den dreißig oder vierzig, die ich konsultierte, keiner hat es verstanden oder vermocht, diese unendliche Mattigkeit zu heilen … Ich begreife von Mal zu Mal besser, was die Ursache der Erschöpfung ist: Es ist der Zweifel, es ist die ewige Frage ‚Wozu?', die von jeher in meinem Geist Wurzeln geschlagen hat und die ich nicht ausreißen kann.*[12]

Die Frage nach dem übergeordneten Sinn, dem ganzheitlichen Sinnzusammenhang, lässt sich offensichtlich nicht über die Wissenschaften beantworten.

**» Impuls:**

- » Welche Folgen ergeben sich daraus, dass
  - » Jemand seinen übergeordneten Lebenssinn nicht erkennt?
  - » Jemand seinen momentanen Lebenszweck wohl lebt, jedoch nicht den Bedeutungszusammenhang seines Lebens erahnt?
- » Welche Sinn-Räuber entdecken Sie in Ihrem Leben?

## Die religiöse Frage

Religion hat den Anspruch, eine „Rückbindung" an den Ursprung des Lebens zu sein. Damit sind die Fragen nach dem „Woher?" und dem „Wohin?" des Lebens berührt. Wer leidenschaftlich nach Sinn fragt, wird an dem Sinnangebot der Religionen nicht vorbeigehen können. Denn Religion vermittelt Welt- und Lebensanschauung. Sie stellt den Menschen über Zeit und Raum hinaus in einen Sinn-Horizont. Damit verleiht sie ihm eine Sinn-Ganzheit, einen Sinnzusammenhang in den Wechselfällen des Lebens. Was unter Religion jeweils verstanden wird, lässt sich gar nicht eindeutig definieren. Begriffe wie Transzendenz, Spiritualität, Religion und Konfession überschneiden sich, und es gibt unzählige unterschiedliche Glaubensvorstellungen.

Die drei monotheistischen Religionen (Judentum, Christentum, Islam) führen sich gemeinsam zurück auf die Selbstkundgabe des einen Schöpfergottes. Gott, so die diesen Religionen gemeinsame Überzeugung, hat zu den Menschen geredet, er hat sich offenbart. Damit geben sie eine Auskunft auf fünf grundsätzliche Fragen:

- Woher komme ich?
- Wohin gehe ich?
- Wozu bin ich da?
- Wie soll ich mich verhalten?
- Wie bewältige ich Leid, Schuld und Sterben?

Die heutige Distanz zu religiösen Institutionen hat einerseits sicherlich ihre Ursache darin, dass Religion missbraucht wurde und im Namen der Religion Missbrauch betrieben wurde. Andererseits hat das rationale, wissenschaftliche Denken im Gefolge der Aufklärung dazu beigetragen, dass religiösen Antworten immer weniger Bedeutung beigemessen wurde. Was die alte Auseinandersetzung von Naturwissenschaft und Glaube angeht, stehen bis heute viele Missverständnisse im Raum. Die Schriften des Alten und Neuen Testaments geben weniger Auskunft über das „Wie" der Schöpfung, als vielmehr über das „Wer" und „Warum". Während Menschen der Neuzeit das „Wie" der Natur erforschen, ist die Frage nach dem „Warum" immer auf Glauben angewiesen. Hier kann Wissenschaft keine Aussage machen. Die Bildersprache der Bibel darf dabei allerdings nicht mit der naturwissenschaftlichen Begrifflichkeit gelesen werden. Dass sich zum Beispiel die Schöpfung nicht in einem einzigen Akt vollzog, sondern in verschiedenen Schöpfungsprozessen, wird in der Bibel selbst angedeutet: „So sind Himmel und Erde *geworden*, als sie *geschaffen* wurden" (1. Mose 2,4). Die Vermischung von naturwissenschaftlicher und religiöser Fragestellung führte in der Vergangenheit zu vielfältigen Konflikten. Heute sind sie letztlich keine Gegensätze mehr, sondern unterschiedliche Perspektiven, die sich ergänzen. Spätestens seit Immanuel Kants Schrift „Die Religion innerhalb der Grenzen der bloßen Vernunft" ist klar, dass Gott nicht wider die Vernunft ist, sondern jenseits der Vernunft. Der Glaube geht zwar allem Wissen voraus, aber er muss sich vom Wissen befragen lassen.

Umgekehrt verleiht ein Glaube der Vernunft Orientierung und Ausrichtung. Vernunft und Glaube sind kein Widerspruch, sondern ergänzen sich sinnvoll, um das Leben in seiner Komplexität zu bewältigen, so wie Verstehen und Fühlen, wie Logik und Intuition. Glaube und Vernunft gegeneinander auszuspielen ist unredlich. Albert Einstein sagt: „Die Naturwissenschaft ohne Religion ist lahm, die Religion ohne Naturwissenschaft aber ist blind."

Und Max Planck unterstreicht:

> *Die Naturwissenschaft braucht der Mensch zum Erkennen, den Glauben zum Handeln. Religion und Naturwissenschaft schließen sich nicht aus, wie heutzutage manche glauben und fürchten, sondern sie ergänzen und bedingen einander. Für den gläubigen Menschen steht Gott am Anfang, für den Wissenschaftler am Ende aller Überlegungen.*[13]

**„Wie" die Welt entstand, können die Naturwissenschaften beantworten, nicht aber „wer" sie geschaffen hat und „warum".**

Religion als die Rückbindung an den Ursprung erkennt die Sinn-Voraussetzung durch einen Schöpfergott an. Das Weltbild, dass sich der Kosmos durch Energien gestaltet, die von einem Gott ausgehen, klingt schon bei dem Apostel Paulus an: „Denn in ihm leben, weben und sind wir" (Apostelgeschichte 17,28). Er zieht daraus den Schluss: „Von ihm und durch ihn und zu ihm sind alle Dinge. Ihm sei Ehre in Ewigkeit" (Römer 11,36).

Der Mensch ist damit hineingestellt in eine sinnvolle Ordnung und nicht nur *von* Gott geschaffen, sondern auch *für* Gott, denn er soll als Statthalter für ihn diese Erde bebauen und bewahren. Das stellt das „anthropozentrische" Weltbild, das den Mensch in den Mittelpunkt stellt, auf den Kopf und erfordert ein „theozentrisches" Weltbild – Gott steht im Mittelpunkt! Nicht der Mensch ist das Maß aller Dinge, sondern der Schöpfer. Diese Sicht fordert sicherlich so manchen Zeitgenossen zum Widerspruch heraus. Und dennoch kann auch ein naturwissenschaftlich gebildeter Mensch ohne Weiteres den Psalm nachsprechen, in dem es heißt:

*Von allen Seiten umgibst du mich*
*und hältst deine Hand über mir.*
*Diese Erkenntnis ist mir zu wunderbar und zu hoch,*
*ich kann sie nicht begreifen.*
*(Psalm 139,5-6)*

Der Mensch ist der Religion zufolge ein auf Gott bezogenes Wesen und kann seinen Sinn nicht selbst begründen. Das göttliche Sein ruft den Menschen ins Dasein. Der Mensch stammt aus dem Ewigen und empfängt sein Leben als Gabe in der Zeitlichkeit. Das Ziel wiederum ist das Einswerden mit dem Ewigen. In der Entfremdung vom Ursprung seines Lebens erlebt sich der Mensch im Selbstwiderspruch: Einerseits in der Illusion der Selbstmächtigkeit, er möchte selber gerne Gott sein, und andererseits in der Erfahrung seiner Ohnmacht. Das Gesetz, das normative „Du sollst", half ihm zunächst zur ethischen Orientierung auf dem Weg. Diese Orientierung wird aber in unserer hoch komplexen Welt immer schwieriger.

### » Impuls:

- » Welche Vorbehalte gibt es bei Ihnen, sich den religiösen Antworten auf die Sinnfragen zu öffnen?
- » Welche Vorbehalte haben Sie insbesondere gegenüber der christlichen Religion?

### » Zusammenfassend können wir festhalten:

Die Frage nach dem übergeordneten Sinn …

- » ist eine uralte Frage, die sich Menschen immer wieder neu stellen.
- » ist eine existenzielle Frage, weil das Leben zugleich Gabe und Aufgabe ist.
- » verlangt nach einer Antwort angesichts von Leid und Sterben.
- » ist eine persönliche Frage, die nach einer über-persönlichen Antwort verlangt.
- » kann nicht von den empirischen Wissenschaften beantwortet werden.

» ist mehr als die Frage nach einer Zweckerfüllung.
» erfährt eine Antwort, indem sich der Mensch auf den Weg macht, dieses Ziel zu erreichen.

## » Literaturhinweise:


» Fehige, Meggle, Wessels (Hg.): *Der Sinn des Lebens*, München 2000.
» Viktor E. Frankl: ... *trotzdem Ja zum Leben sagen*, München 2005.
» Viktor E. Frankl: *Der Mensch vor der Frage nach dem Sinn*, München 2003.
» Wilhelm Schmid: *Schönes Leben?*, Frankfurt/M. 2005.

# 8. Der Anstieg zum Gipfel – Glaubensfragen

*Und Jesus sprach: Ein Mensch hatte zwei Söhne. Und der jüngere von ihnen sprach zu dem Vater: Gib mir, Vater, das Erbteil, das mir zusteht. Und er teilte Hab und Gut unter sie. Und nicht lange danach sammelte der jüngere Sohn alles zusammen und zog in ein fernes Land; und dort brachte er sein Erbteil durch mit Prassen. Als er nun all das Seine verbraucht hatte, kam eine große Hungersnot über jenes Land, und er fing an zu darben und ging hin und hängte sich an einen Bürger jenes Landes; der schickte ihn auf seinen Acker, die Säue zu hüten. Und er begehrte, seinen Bauch zu füllen mit den Schoten, die die Säue fraßen; und niemand gab sie ihm. Da ging er in sich und sprach: Wie viele Tagelöhner hat mein Vater, die Brot in Fülle haben, und ich verderbe hier im Hunger! Ich will mich aufmachen und zu meinem Vater gehen und zu ihm sagen: Vater, ich habe gesündigt gegen den Himmel und vor dir. Ich bin hinfort nicht mehr wert, dass ich dein Sohn heiße; mache mich zu einem deiner Tagelöhner! Und er machte sich auf und kam zu seinem Vater. Als er aber noch weit entfernt war, sah ihn sein Vater, und es jammerte ihn; er lief und fiel ihm um den Hals und küsste ihn. Der Sohn aber sprach zu ihm: Vater, ich habe gesündigt gegen den Himmel und vor dir; ich bin hinfort nicht mehr wert, dass ich dein Sohn heiße. Aber der Vater sprach zu seinen Knechten: Bringt schnell das beste Gewand her und zieht es ihm an und gebt ihm einen Ring an seine Hand und Schuhe an seine Füße und bringt das gemästete Kalb und schlachtet's; lasst uns essen und fröhlich sein! Denn dieser mein Sohn war tot und ist wieder lebendig geworden; er war verloren und ist gefunden worden. Und sie fingen an, fröhlich zu sein.*
*(Lukas 15,11-24)*

**» Impuls:**

» Der zentrale Vergleichspunkt dieses Gleichnisses liegt in der Güte des menschlichen Vaters. Jesus veranschaulicht damit die Güte Gottes. Er selbst sieht seine Bestimmung darin, diese

Güte Gottes in die Welt hinein auszudrücken. Welche Schlussfolgerung ziehen Sie daraus?

## Der Christus-Glaube

Wir befinden uns auf der letzten Etappe der Bergwanderung auf dem Weg zur Sinnspitze. Der ganze Sinnzusammenhang kann von diesem Ziel her deutlich werden. Damit stehen wir vor der Frage: Was trägt der christliche Glauben spezifisch zu der Sinnfrage bei?

Der christliche Glaube richtet sich zunächst auf eine historische Person: Jesus von Nazareth. In den historischen Überlieferungen ergibt sich ein umfassendes Bild, das durch viele Theologen weitgehend interpretiert wurde.

Jesus Christus wird als die Verkörperung der drei wichtigen Werte dargestellt – Glaube, Liebe, Hoffnung. Er tritt mit dem Anspruch auf, Gott selbst sei sein Ursprung, versteht sich als Repräsentant des Reiches Gottes und lädt andere Menschen dazu ein: „Kehrt um, denn das Reich Gottes ist nah" (Matthäus 4,17), und fordert auf: „Kommt her zu mir" (Matthäus 11,28). Für das Reich Gottes beansprucht er die höchste Priorität: „Trachtet zuerst nach Gottes Reich und seiner Gerechtigkeit" (Matthäus 6,33).
Die „Ich-bin-Worte" des Johannesevangeliums unterstreichen die fundamentale Bedeutung von Jesus für die Menschen: Er bezeichnet sich als der gute Hirte, das Licht, die Tür, das Brot, der Weinstock, der Weg, die Wahrheit, das Leben. Schon die Formulierung „Ich bin" klingt an den heiligen Gottesnamen im Alten Testament an – Jahwe, „ich bin, der ich bin", oder, wie Franz Rosenzweig und Martin Buber formulieren: „Ich werde da sein, als der ich da sein werde." Jesus nimmt also für sich in Anspruch, dass sich in seiner Person das erfüllt, was über Gott im Alten Testaments gesagt und verheißen ist. In der Verkündigung fordert Jesus immer wieder zu einer persönlichen Stellungnahme heraus und lädt ein zu dem Wagnis, ihm zu vertrauen. Sein Sendungsbewusstsein und seine Autorität waren und sind ein Anstoß und fordern zum Widerspruch heraus.

In seiner Lehre geht Jesus auf die sinnwidrige Wirklichkeit von Schuld, Leid und Tod ein. Er stellt sich diesen Fragen existenziell bis hin zu seinem Tod am Kreuz und gibt damit neue Antworten auf die Unheilstrias von Schuld, Leid und Tod.

Jesus macht die Frage nach der Schuld zu einem zentralen Thema seines Wirkens. Er lebt nicht asketisch, sondern bejaht die kreatürlichen Bedürfnisse des Lebens. Umso entschiedener tritt er jedoch dem Egoismus entgegen, der sich in Habgier, Rachelust und falscher Sorge selbst durchsetzen will. Er entlarvt die Selbstsucht und ihre Erscheinungsformen als Blockade der Sinnerfüllung. Jesus sieht, dass sich der Mensch in einem Gefängnis seiner Schuld befindet, aus dem heraus er sich nicht selbst befreien kann. Damit ist die Beziehung zum Ursprung seines Lebens gestört. Jesus spricht Menschen nicht nur die Vergebung Gottes zu, sondern er versteht seinen Kreuzestod als Opfer, als stellvertretende Abgeltung menschlicher Schuld.

**Jesus nimmt seine Jünger mit in seine Beziehung zu Gott und stellt die Gottesebenbildlichkeit im Menschen wieder her.**

„Der Menschensohn ist nicht gekommen, dass er sich dienen lasse, sondern dass er diene und gebe sein Leben zu einem Lösegeld für viele“ (Matthäus 20,28). – Mit seinem Opfertod stellt er den Zugang zum Ursprung des Lebens wieder her. Der Mensch, der dieses Geschenk in Anspruch nimmt, empfängt ein neues Gottesverhältnis. Ein zentraler Begriff, der in diesem Zusammenhang immer wieder auftaucht, ist der Begriff der „Versöhnung“. Paulus bezeichnet Christus als „Versöhner“ (2. Korinther 5,19). Die Versöhnung hat dabei zwei Aspekte für die Sinnfrage. Zum einen wird die Trennung vom göttlichen Ursprung durch die Vergebung überwunden. Zum anderen wird ein Mensch in ein neues Gottesverhältnis gestellt, in dem Jesus selbst stand. Jesus nannte Gott seinen „Vater“ und seine Nachfolger können und sollen Gott ebenfalls so anreden – „Unser Vater im Himmel“ (Matthäus 6,9). Er nimmt seine Jünger mit in seine Beziehung zu Gott und stellt die Gottesebenbildlichkeit im Menschen wieder her. Menschen erhalten eine neue Identität als „Söhne“, „Töchter“ und „Kinder Gottes“ (vgl. Johannes 1,21). Er ist „ein Mensch vor Gottes Angesicht“. Damit ist die Frage nach dem „Woher“ beantwortet.

Jesus begegnet dem sinnentstellenden Leiden in den vielfältigen Formen von Armut, Krankheit, Behinderung, Schmerz, Unrecht, Angst und Sterben – seine Wunder bezeugen den Kampf dagegen. Jesus spricht den Leidenden darüber hinaus die Aussicht auf eine generelle Überwindung zu: „Selig sind die, die da Leid tragen, denn sie sollen getröstet werden“ (Matthäus 5,4).

Jesus selbst erträgt das Leid an Körper und Seele und stellt Gott als den Mitleidenden dar. In dem vollendeten Reich Gottes wird alles Leid aufgehoben sein und verliert damit seine Endgültigkeit. Leiden wird damit zur Durchgangsstation.

Der Tod ist die letzte Bedrohung menschlicher Sinnerfüllung. Jesus stellt sich als der Sohn Gottes bewusst dem Kreuzestod. Sein inneres Leben erweist sich stärker als der Tod. Das leere Grab in Jerusalem und die leibhaftigen Begegnungen mit dem Auferstandenen lassen die verängstigten Jünger zu mutigen Verkündern einer unglaublichen Botschaft werden: „Der Gekreuzigte ist auferstanden“ (vgl. Markus 16,6). Die Aussagen von Jesus, sein Zuspruch und sein Anspruch an ihr Leben, werden den Nachfolgern zu einer inneren Gewissheit, aus der heraus sie ihre Nachfolge bis zum Martyrium wagen.

**Jesus setzt einen neuen Sinnhorizont für die Menschheit.**

Sie halten unbeirrt daran fest, dass die Gemeinschaft mit Christus das eigene Sterben übersteht. Ihr Ziel ist das ewige Leben im vollendeten Reich Gottes, in einer neuen Welt ohne Schuld, Schmerz und Tod. Damit ist die Frage nach dem „Wohin“ beantwortet.

Das Leben in dieser Welt bekommt dadurch einen ganz anderen Charakter. Der Glaube soll sich im Leben bewähren. Der Geist Gottes will in Menschen wirken und sie in die Gemeinschaft Gottes stellen. Dieses Leben wird zur Vorbereitung auf das ewige Leben. Damit ist die Frage nach dem „Wozu“ berührt. Bis zur Vollendung dieses Reiches gibt Jesus seinen Anhängern den Auftrag, durch Wort und Tat die Menschen zur Umkehr einzuladen. Sie sollen selbst in der Umkehr leben und andere Menschen in das angebrochene „Reich Gottes“ einladen. Die Ausrichtung auf seine Gesinnung bewirkt eine Übernahme der Jesus-Perspektive. Das führt uns zu einer neuen Welt-, Sinn- und Lebensdeutung. Damit steht der Mensch in einem Sinnzusammenhang, der sogar das scheinbar Sinnlose und Sinnwidrige integrieren kann. Der Geist des Christus will sich neu in uns Menschen verwirklichen und befähigt uns damit zu einer Sinnvertiefung und Sinnerweiterung. Damit setzt Jesus einen neuen Sinnhorizont für die Menschheit. Seine Person und sein Wirken sind auch eine Erlösung aus der Sinnlosigkeit und verleihen menschlichem Leben eine Sinn-Mitte. Man könnte zugespitzt sagen: „Christus macht Sinn."

Dietrich Bonhoeffer vertritt die Ansicht: „Hätte Jesus nicht gelebt, dann wäre unser Leben trotz aller anderen Menschen, die wir kennen, verehren und lieben – sinnlos."

Ein Freund von mir, Günter Kröger, dichtete folgendes Bekenntnis:

*Gibt's einen Sinn, warum wir leben,*
*den wir zum Lebensziel erheben?*
*Wo ist der Grund, der alles trägt,*
*die innere Kraft, die uns bewegt?*
*Wer kennt sie nicht, die offnen Fragen,*
*die Antwort ist schon von Gewicht.*
*Selbst Philosophen sich damit plagen*
*und kluge Bücher bringen's nicht.*
*Auch der Versuch, allein sein Ziel zu finden,*
*lässt Schmerz, Enttäuschung, Angst zurück.*
*Am Trend der Zeiten sich zu binden,*
*hilft nicht mal für den Augenblick.*
*Der dich zum Erdendasein schuf,*
*Er kann dir auch den Sinn benennen:*
*Ihm zu vertrauen, folgen seinem Ruf*
*und Jesus als den Herrn erkennen.*
*Wenn Er dir seinen Geist verleiht,*
*und Liebe, Hoffnung dich umgeben,*
*das lässt dich reifen in der Zeit,*
*da gibt's ein Ziel auch für dein Leben.*

**» Impuls:**

- » Was bedeutet Ihnen die Person Jesus Christus?
- » Gibt es Aussagen von Jesus Christus, die Sie besonders ansprechen?
- » Welche persönlichen Sinnperspektiven eröffnen sich für Sie durch seinen Tod und seine Auferstehung?

## Glauben finden

Ein Sinn kann sich nicht selbst erfinden. So kann auch der Christus-Glaube nicht von Menschen gemacht werden, wohl aber gesucht werden. Der Liederdichter Angelius Silesius (17. Jh.) sagt: „Wer glaubt, ohne Suchen Gott finden zu können, der glaubt zu viel."

Der Glaube unterliegt dem Prozess, einer Entwicklung. Das soll an dem Beispiel von Rudolf deutlich werden: Rudolf hatte mit „Kirche nicht viel im Sinn". Für ihn war sie unattraktiv, und das Geld für die Kirchensteuer meinte er, anderweitig besser gebrauchen zu können. Rudolf war fest überzeugt, dass die Ungerechtigkeiten dieser Welt ohnehin der Existenz eines Gottes zu widersprechen scheinen. Doch seine Einstellung änderte sich. Einige Lebenskrisen, insbesondere der Tod seiner Mutter, warfen bei ihm Fragen auf, die er bisher gut verdrängt hatte. Für die Trauerfeier zum Abschied der Mutter nahm er dann einen Pastor in Anspruch. Mehr aus Höflichkeit stattete er diesem einen Gegenbesuch in der Kirche ab. Doch dabei blieb es nicht. Zur großen Verwunderung seiner Verwandten und Bekannten wurde aus ihm ein regelmäßiger Besucher kirchlicher Veranstaltungen. Nach einiger Zeit besuchte er sogar regelmäßig einen Bibelkreis. Rudolf wurde mit der Zeit ein engagierter Mitarbeiter in einer christlichen Gemeinschaft.

**Der Glaube ist kein statischer Besitz, sondern ein Prozess.**

Der Glaube ist kein statischer Besitz, sondern ein Prozess, der das eigene Leben aus dem Zuspruch der unverdienten Zuwendung Gottes gestaltet. Der Kirchenvater Augustin unterscheidet drei Arten des Glaubens:

Da ist zunächst der Für-wahr-halte-Glauben *(credere Deum)*. Dieser geht von einem „Höheren Wesen" aus, das dieses Universum in Gang gesetzt hat und noch erhält. Dieser Glaube hat für das Alltagsleben relativ wenig Bedeutung.

Zum Zweiten gibt es den vertrauenden Glauben *(credere Deo)*. Er erkennt die Vertrauensfrage Gottes im Christusgeschehen und antwortet darauf. Diesem Menschen werden die Inhalte des Glaubens wie das Glaubensbekenntnis, die Zehn Gebote und das Vaterunser wichtig. In wichtigen Fragen wendet er sich im Gebet an Gott.

Darüber hinaus gibt es den wagenden Glauben *(credere in Deum)*.

Dieser setzt sich existenziell dem Zuspruch und Anspruch Gottes aus und versucht, sein Leben ganzheitlich darauf auszurichten. Der wagende Glaube ist primär keine Lehre, sondern ein personales Vertrauen zu einem göttlichen Du. Durch dieses Urvertrauen bleibt Religion nicht nur ein Teilaspekt des menschlichen Lebens, sondern durchdringt alle Teilbereiche, wird zur tragenden Kraft, verleiht einen inneren Halt und eine Geborgenheit. Er führt zu Freiheit, die einerseits kindlich abhängig macht von Gott und andererseits königlich unabhängig von Menschen.

Dietrich Bonhoeffers Leben in „Widerstand und Ergebung" erweist sich als ein solcher wagender Glaube:

*Nicht das Beliebige, sondern das Rechte tun und wagen,*
*nicht im Möglichen schweben, das Wirkliche tapfer ergreifen,*
*nicht in der Flucht der Gedanken, allein in der Tat ist die Freiheit.*

*Tritt aus ängstlichem Zögern heraus in den Sturm des Geschehens,*
*nur von Gottes Gebot und deinem Glauben getragen,*
*und die Freiheit wird deinen Geist jauchzend empfangen.*[14]

Auch Rudolf Alexander Schröder bringt diese Erfahrung in einem Gedicht zum Ausdruck:

*Was dir auch immer begegnet mitten im Abgrund der Welt:*
*Es ist die Hand, die dich segnet, es ist der Arm, der dich hält.*
*Es ist kein Grauen so mächtig, es ist kein Fürchten so bang,*
*kein Trachten so niederträchtig; lebt einer, der es bezwang.*[15]

**» Impuls:**

- » Welche Art des Glaubens erkennen Sie bei sich wieder?
- » Haben Sie durch den Glauben die Freiheit, Halt und Kraft erfahren?

## Glauben leben

Zu einem Glaubensweg gehört ein lebendiger Reifungsprozess. Jesus hat diese Entwicklung in seinen Gleichnissen von Saat und Ernte aufgegriffen. Alles organische Leben ist auf Reifung hin ausgerichtet. Auch ein Kinderglaube kann nicht dauerhaft ein Kinderglaube bleiben, sondern muss sich zu einem reifen Glauben entwickeln. Im Neuen Testament wird die Entwicklung des geistlichen Menschen mit der Reifung eines Kindes zum Erwachsenen verglichen (z.B. in 1. Korinther 3,1; 14,20; Philipper 3,15; Hebräer 5,13). Reifung können wir selber zwar nicht „machen". Wir können sie aber verhindern. Eine (geistliche) Nicht-Reifung ist anormal, entwicklungsverzögert oder krank. Martin Luther hat diesen Vorgang wie folgt beschrieben:

**„Reifung" können wir nicht machen, aber wir können sie verhindern.**

*Das christliche Leben ist nicht ein Frommsein,*
*sondern ein Frommwerden,*
*nicht ein Gesundsein, sondern Gesundwerden,*
*nicht ein Sein, sondern ein Werden,*
*nicht Ruhe, sondern Übung.*
*Wir sind's noch nicht, wir werden's aber.*[16]

Er verweist auf die Tatsache, dass sich „Kreuz und Auferstehung" im Christenleben widerspiegeln.

*Du erhöhst uns, wenn du uns erniedrigst.*
*Du führst uns gen Himmel, wenn du uns in die Hölle stößt.*
*Du gibst uns den Sieg, wenn du uns unterliegen lässt.*
*Du machst uns lebendig, wenn du uns töten lässt.*[17]

Diese paradoxe Erfahrung beschreibt das Werden einer neuen Existenz. Einerseits stirbt der alte egoistische Mensch und andererseits wächst der „neue Mensch" in eine Christusgesinnung hinein.

Paulus beschreibt diesen Prozess mit dem Ausdruck „Christus in mir" (Galater 2,20). Diese Reifung ist keine menschliche Leistung, sondern eine konsequente Wirkung des Geistes, wie Paulus es betont: „Ich bin guter Zuversicht, dass der in euch angefangen hat das gute Werk, der wird's auch vollenden bis an den Tag Christi Jesu" (Philipper 1,6).

Wenn sich der Christus-Geist in unserem Leben neu ausdrückt, dann finden wir zu unserer eigentlichen Bestimmung, letztlich zu unserem wahren Selbst. Sicherlich bleibt das Leben eines Christen immer auch fragmentarisch – kein Mensch auf dieser Erde wird je von sich sagen können, dass er nun das Stadium der Vollkommenheit erreicht habe. Wenn aber trotzdem in den Ermahnungen des Neuen Testaments immer wieder auf das konsequente Ausleben des Glaubens hingewiesen wird, ist damit die Verantwortung des Einzelnen unterstrichen. Der Apostel Paulus bringt dieses zum Ausdruck: „Schaffet, dass ihr selig werdet, mit Furcht und Zittern. Denn Gott ist's, der in euch wirkt beides, das Wollen und Vollbringen, nach seinem Wohlgefallen" (Philipper 2,12.13).

**Wenn sich der Christus-Geist in unserem Leben neu ausdrückt, dann finden wir zu unserer eigentlichen Bestimmung.**

Klassisch heißt dieser Vorgang „Heiligung". Dieser Begriff meint, dass unser Denken, Fühlen und Wollen immer mehr von dem Wissen um unsere Rechtfertigung vor Gott bestimmt wird.

Es gibt Hilfen, die Gute Botschaft anzunehmen und zu vertiefen. Entscheidende Hilfen sind dazu die folgenden „5 G":

- *Gottes Wort*: Die Schriften des Alten und Neuen Testamentes sind für das Wirklichkeitsverständnis eines Christen unentbehrlich. Jesus Christus ist dabei die Mitte der Selbstoffenbarung Gottes. Wir Menschen können uns in der gegenwärtigen Sinnsuche an den Werten, die Christus vorgelebt hat, orientieren.
- *Gebet*: Wer betet, lässt sich auf Gott hin los, wird still, hört nach innen und antwortet. Die Kommunikation mit Gott im Hören und Antworten kann laut oder leise, formelhaft oder frei, einzeln oder gemeinsam geschehen.
- *Gemeinschaft*: Christen erleben Gemeinschaft mit anderen im Gottesdienst oder unterschiedlichen Kreisen. Sie bilden eine mehr oder weniger intensive Dienst-, Feier- und Lebensgemeinschaft, um sich zu stärken oder zu korrigieren.
- *Gereinigtes Gewissen*: Auch Christen sind Menschen mit Fehlern

und Unvollkommenheiten. Die Beichte bietet die Möglichkeit, das Gewissen zu entlasten und aus der Vergebung einen Neuanfang zu wagen.

» *Gaben einsetzen*: Menschen empfangen und geben entsprechend der jeweiligen Gaben weiter. Die Gaben sind vielfältig und können zusammen einen Dienst an der Welt darstellen. Der gelebte Glaube dient dem Bezeugen des Evangeliums.

**» Impuls:**

» Welche Entwicklung des Glaubenslebens können Sie bei sich feststellen?

» Haben Sie Erfahrungen mit den Glaubenshilfen gemacht?

## Die Glaubensstadien

Entfaltung des Glaubens und geistliche Reife sind, wie die menschliche Reife allgemein, nicht zwangsläufig an das biologische Lebensalter gekoppelt. Aber wie jedes Lebensalter einen Schwerpunkt hat (vgl. S. 63f.), so ist auch das geistliche Leben von unterschiedlichen Schwerpunkten bestimmt. Pastor Emil Wacker, zu Beginn des 20. Jahrhunderts Direktor des Diakonissenhauses in Flensburg, war die rechte Aneignung des Christusgeschehens ein besonderes Anliegen. In seiner Schrift „Ordo Salutis" („Heilsordnung") schreibt er: „Der Glaube ist das empfangende Organ, die Hand, die das Heil ergreift." Wacker skizziert eine gesunde Entwicklung des Glaubens, die ein sachliches Nacheinander beschreibt, ohne in ein zeitliches Schema abzugleiten. Wacker will weder ein methodisches Heiligungsschema verfassen noch eine Wertigkeit beschreiben. Vielmehr beschreibt er die Prozesse, die sich durch das Aneignen des Evangeliums vollziehen, und die dem Glauben eine Dynamik und damit eine sinnstiftende Bedeutung verleihen. Das Leben aus dem Evangelium bringt, so Wacker, eine siebenfache Wirkung hervor, veranschaulicht durch den jüdischen siebenarmigen Leuchter, die Menora. Diese sieben Phasen sollen hier kurz dargestellt werden als Sinn-Herausforderung für glaubende Men-

**Geistliche Reife ist nicht zwangsläufig an das biologische Lebensalter gekoppelt.**

schen. Die Belege aus dem Neuen Testament beziehen sich auf Verse aus dem Römerbrief des Paulus. Sie könnten durch viele andere Belegstellen ergänzt werden.

1. *Berufung:* Der Ruf Gottes steht vor aller Antwort des Menschen. Dieser Ruf geschieht durch die Mitteilung des Evangeliums an den Einzelnen, durch Sakrament und Verkündigung. Das Evangelium ist die „gute Nachricht" vom Geschenk Gottes, von der unverdienten Gnade. Paulus nimmt dies in seiner ausführlichen Darlegung des christlichen Glaubens an die Römer auf:

   *Denn es ist hier kein Unterschied: Sie sind allesamt Sünder und ermangeln des Ruhmes, den sie bei Gott haben sollten, und werden ohne Verdienst gerecht aus seiner Gnade durch die Erlösung, die durch Jesus Christus geschehen ist.*
   *(Römer 3,22-24)*

   Den Ruf vernehmen Menschen unterschiedlich. Die Zugänge reichen von dem Konfirmandenunterricht bis hin zu den Seniorenkreisen, von Gottesdiensten bis zu Bibelkreisen.

2. *Erweckung:* Die Erkenntnis, selber ein Sünder zu sein, der vor Gott nicht bestehen kann, ist erschütternd. Ein Mensch, der aus dem geistlichen Schlaf erwacht, in dem er sich bisher befand, erlebt sich plötzlich als unmittelbar vor Gott stehend. Er spürt beides: die unverdiente Zuwendung Gottes einerseits und die eigene gottferne Lebenswirklichkeit andererseits. Die egozentrische Wesensart empfindet er als „sündig" und das göttliche Geschenk als kostbar.

   *Weißt du nicht, dass dich Gottes Güte zur Buße leitet?*
   *(Römer 2,4)*

   *Wollen habe ich wohl, aber das Gute vollbringen kann ich nicht. Denn das Gute, das ich will, das tue ich nicht; sondern das Böse, das ich nicht will, das tue ich.*
   *(Römer 7,18-19)*

Diese Erkenntnis bricht nicht selten in einem seelsorgerlichen Gespräch durch.

3. *Bekehrung:* Die Bekehrung ist eine Abkehr von der Selbstgerechtigkeit und gleichzeitig eine Hinwendung zu der geschenkten Gerechtigkeit durch Jesus Christus. Wer sich bekehrt, nimmt die Erlösung, die Jesus ihm anbietet, konkret in Anspruch. Dies kann zum Beispiel in einer Lebensbeichte geschehen. Damit verbunden ist ein Abschluss des alten Lebens und ein Neuanfang des Lebens in der Gemeinschaft des Christus.
*Ich elender Mensch! Wer wird mich erlösen von diesem todverfallenen Leibe? Dank sei Gott durch Jesus Christus, unseren Herrn.*
*(Römer 7,24-25)*

4. *Glaubensgewissheit:* Die Gewissheit entsteht nicht dadurch, dass wir uns selbst fromm etwas einreden, sondern aus dem Bewusstsein eines neuen Lebensmittelpunktes, der uns trägt. Sie kommt aus der Erfahrung, geliebt und angenommen zu sein.

   *So gibt es nun keine Verdammnis für die, die in Christus Jesus sind.*
   *(Römer 8,1)*

   *Der Geist (Gottes) gibt Zeugnis unserem (menschlichen) Geist, dass wir Gottes Kinder sind.*
   *(Römer 8,16)*

   *Ich bin gewiss, dass weder Tod noch Leben … uns scheiden kann von der Liebe Gottes, die in Christus Jesus ist, unserem Herrn.*
   *(Römer 8,38-39)*

   Die Glaubensgewissheit ist die Basis für eine weitere Glaubensentwicklung.

5. *Erneuerung:* Die Erneuerung geschieht durch eine konsequente Ausrichtung auf die Christusgesinnung. Diese Gesinnung erzeugt neue Einstellungswerte, die an sogenannten „Früchten des Geistes“ erkennbar werden.

*Stellt euch nicht dieser Welt gleich, sondern ändert euch durch die Erneuerung eures Sinnes, damit ihr prüfen könnt, was Gottes Willen ist, nämlich das Gute und Wohlgefällige und Vollkommene.*
*(Römer 12,2)*

Wer zuvor zur Unwahrhaftigkeit neigte, wird aufrichtiger. Wer sich vorher verurteilend und richtend äußerte, wird barmherziger mit anderen.

6. *Erhaltung:* Anfechtungen und Krisen gehören ebenfalls zu einem geistlichen Leben. Wer beständig im christlichen Glauben bleibt, der überwindet innere und äußere Widerstände. Dass wir das einmal Empfangene behalten und zu unserem inneren Besitz machen, ist nicht selbstverständlich.

   *Lass dich nicht vom Bösen überwinden, sondern überwinde das Böse mit Gutem.*
   *(Römer 12,21)*

   Christsein bringt auch Auseinandersetzungen mit sich. Christbleiben ist mit Zweifeln, Anfechtungen und Versuchungen verbunden.

7. *Reife:* Bei der Reifung geht es um das große Thema „Loslassen in Gott". Wenn Paulus an die Philipper schreibt: „*Christus ist mein Leben und Sterben ist mein Gewinn*" *(Philipper 1,21)*, dann meint er nicht eine lebensmüde, resignierende Lebenshaltung, sondern eine frohe Erwartung der kommenden Vollendung. Der Wunsch nach Reifung kann das Ziel der Suche nach Sinn markieren:

   *Unser keiner lebt sich selber, und keiner stirbt sich selber. Leben wir, so leben wir dem Herrn; sterben wir, so sterben wir dem Herrn. Darum: wir leben oder sterben, so sind wir des Herrn.*
   *(Römer 14,7-8)*

So einen Prozess der geistlichen Reifung habe ich eindrücklich bei Hans und Irmgard erlebt, einem hochbetagten und äußerlich gebrechlichen Ehepaar. Ihre Kinder und Enkelkinder wohnten nicht in ihrer näheren Umgebung, die beiden waren bei der Bewältigung ihres Alltags vor manche Herausforderungen gestellt. Trotz ihrer körperlichen Beschwerden kreisten sie nicht um ihre Krankheiten, sondern öffneten sich für andere Menschen. Sie taten viel Gutes, ohne davon großes Aufsehen zu machen. Sie waren gefragte Gesprächspartner für viele jüngere Menschen. Sie hatten Zeit, hörten geduldig zu, trösteten, stärkten andere durch Zuspruch oder ganz praktische Zuwendungen. Sie waren den Menschen um sie herum zugewandt, und das hatte Auswirkungen auf ihre Umgebung. Als Irmgard starb, wurde die Trauerfeier zu einer Dankesfeier. Viele berichteten von den bereichernden Erfahrungen aus den Begegnungen mit ihr und Hans.

### » Impuls:

- » Haben Sie Vorbilder des Glaubens erlebt?
- » Welche Hindernisse gibt es für Sie auf diesem Glaubensweg?
- » Wie prägt Ihr Glaube Ihr gegenwärtiges Leben?
- » Welchen Einfluss des Glaubens wünschen Sie sich für das zukünftige Leben?

### » Zusammenfassend können wir festhalten:

- » Der christliche Glaube gibt Antworten auf die Grundfragen des Lebens.
- » Jesus Christus hat durch sein Leben und Wirken überzeitliche Antworten gegeben. Damit steckt er einen neuen Sinnhorizont ab.
- » Er ist somit ein Erlöser aus der Sinnlosigkeit.
- » Christlicher Glaube ist eine Übernahme einer Christus-Perspektive.
- » Dieser Glaube ist auf einen dynamischen Reifungsprozess angelegt.

### » Literaturhinweise:


- » Joseph Ratzinger: *Jesus von Nazareth I., II.*, Freiburg 2007, 2011.
- » Klaus Berger: *Jesus*, München 2004.
- » Emil Wacker: *Ordo Salutis*, Breklum 1960.

# 9. Das Gipfelerlebnis

*Und ich sah einen neuen Himmel und eine neue Erde; denn der erste Himmel und die erste Erde sind vergangen, und das Meer ist nicht mehr. Und ich sah die heilige Stadt, das neue Jerusalem, von Gott aus dem Himmel herabkommen, bereitet wie eine geschmückte Braut für ihren Mann. Und ich hörte eine große Stimme von dem Thron her, die sprach: Siehe da, die Hütte Gottes bei den Menschen! Und er wird bei ihnen wohnen, und sie werden sein Volk sein, und er selbst, Gott mit ihnen, wird ihr Gott sein; und Gott wird abwischen alle Tränen von ihren Augen, und der Tod wird nicht mehr sein, noch Leid noch Geschrei noch Schmerz wird mehr sein; denn das Erste ist vergangen. Und der auf dem Thron saß, sprach: Siehe, ich mache alles neu! Und er spricht: Schreibe, denn diese Worte sind wahrhaftig und gewiss! Und er sprach zu mir: Es ist geschehen. Ich bin das A und das O, der Anfang und das Ende. Ich will dem Durstigen geben von der Quelle des lebendigen Wassers umsonst. Wer überwindet, der wird es alles ererben, und ich werde sein Gott sein, und er wird mein Sohn sein.*
*(Offenbarung 21,1-7)*

Der Sinn des Lebens findet seine Vollendung in der neuen Welt Gottes. Ein neuer Himmel wird sich über eine neue Erde ausspannen, die Menschen werden in unmittelbarer Gemeinschaft mit Gott leben. Hier hört alles menschliche Beschreiben auf. Das heißt nicht, dass diese Hoffnung nicht eine ganz reale wäre. In diesem Ziel erweist sich auch das Sinnlose als zielführend. Hier fließen alle Teilziele zusammen.

**» Impuls:**

» Welche Hoffnung haben Sie über Ihre Lebenszeit hinaus?

Am Schluss unserer Wanderung zum Sinn lassen Sie uns noch einmal zurückschauen. Wir starteten in den Tälern der Krisen. Krisen sind Herausforderungen, den Sinn wieder neu zu entdecken. Wir stellten fest, dass sich Sinnerfahrungen auf der Ebene des Körpers, der Seele und des Geistes einstellen können. Danach orientierten wir uns an den Werten zum Leben, denn Werte sind Sinnstifter. Wir verschafften uns den Überblick durch das Sinnkreuz. Sinn entfaltet sich in den Beziehungszusammenhängen. Auf dem Wege versuchten wir die individuellen Gegebenheiten des Charakters, der Lebensgeschichte, des Alters und der Lebensträume zu berücksichtigen. Dann wurde der Anstieg steil – wir fragten uns nach dem übergeordneten Sinn. Die Auswahl des letzten Lebenszieles ist von höchster Bedeutung, denn alle Teilziele sind ihm untergeordnet und richten sich danach aus. Die gesamte Lebensenergie fließt in diese Richtung. Ob etwas sinnvoll ist, entscheidet sich erst von diesem Ziel her. Der Dichter Gerhard Tersteegen formulierte dies in einem Abendlied so:

*Ein Tag, der sagt dem andern,*
*mein Leben sei ein Wandern*
*zur großen Ewigkeit.*
*O Ewigkeit, so schöne,*
*mein Herz an dich gewöhne,*
*mein Heim ist nicht in dieser Zeit.*[18]

Wir brauchen eine Welt- und Lebensanschauung, die über diese Welt hinausgreift, denn die Sinnfrage lässt sich nicht allein aus den Dimensionen von Raum und Zeit heraus beantworten. Am Gipfelkreuz steht der Glaube an Christus als letztendliche Sinnstiftung. Er weitet den Sinnhorizont buchstäblich ins Unendliche.

Ich hoffe nicht, dass Ihnen diese Wanderung zu anstrengend war. Dieser kleine Reiseführer sollte eine Orientierung vermitteln. Er sollte eine Ermutigung sein, die Sinnfrage bewusst immer wieder neu zu stellen. Wir sollten unser alltägliches Leben immer wieder prüfen, ob es wert ist, so gelebt zu werden, wie wir es leben. Wir müssen uns auf unsere Bestimmung besinnen. Die Sinnfrage kann nicht unverbindlich bleiben, denn sie wird mit unserem Leben beantwortet.

Ich habe versucht, die Wege zum Sinn auf der „Landkarte des Lebens“ einzuzeichnen. Gehen muss diese Wege jede und jeder Einzelne selbst. In der Bewältigung dieser Herausforderung sollte etwas Einzigartiges liegen, etwas, das ohne Sie nicht in diese Welt gekommen wäre;

etwas von dem, dass Gott sich neu durch Ihr ganz persönliches Leben ausdrücken will. Ich möchte schließen mit den Worten von Mutter Teresa:

*Das Leben ist schön, bewundere es.*
*Das Leben ist eine Wonne, koste es.*
*Das Leben ist ein Traum, verwirkliche ihn.*
*Das Leben ist eine Herausforderung, stell dich ihr.*
*Das Leben ist eine Pflicht, erfülle sie.*
*Das Leben ist ein Spiel, setz dich ein.*
*Das Leben ist kostbar, vergeude es nicht.*
*Das Leben ist ein Reichtum, bewahre ihn.*
*Das Leben ist ein Rätsel, löse es.*
*Das Leben ist ein Lied, singe es.*
*Das Leben ist ein Kampf, nimm ihn auf.*
*Das Leben ist ein Abenteuer, wage es.*
*Das Leben ist ein Leben, lebe es!*[19]

# Anhang

[1] Vgl. http://www.sinus-institut.de/loesungen/sinus-milieus.html. Zugriff am 21.05.2012. Hier findet sich auch eine grafische Übersicht über die Milieus.

[2] Paul SORGENFREI: *Wie ein gerupftes Federvieh*. Evangelische Buchhilfe, 1990.

[3] Hermann HESSE: *Im Nebel*, aus: Hermann Hesse, *Sämtliche Werke. Band 10: Die Gedichte*. S. 136f. © Suhrkamp Verlag Frankfurt am Main 2002.

[4] Dietrich BONHOEFFER: *Wer bin ich?*, aus: *Widerstand und Ergebung*. S. 513f. © 1998, Gütersloher Verlagshaus, Gütersloh.

[5] Conrad Ferdinand MEYER: *Gedichte*. Leipzig: H. Haessel Verlag, 1882, S. 125.

[6] Hermann HESSE: *Stufen*, a.a.O., S. 187.

[7] Zitiert bei Anselm GRÜN: *Das Buch der Sehnsucht*. Freiburg i.Br.: Herder, 2003, S. 62.

[8] Martin BUBER: *Der Weg des Menschen nach der chassidischen Lehre*. 9. Aufl., Heidelberg: Schneider, 1986, S. 36.

[9] Luise RINSER: *Den Wolf umarmen*, 16. Aufl., Frankfurt: Fischer (Tb.), 1984.

[10] Aus: Katholische Landjugend, München 1977.

[11] Aus: Heinrich HEINE: *Der Sinn des Lebens*. München: DTV, 2000, S. 40.

[12] Eugène IONESCO: *Tagebuch*. Berlin, Neuwied: Luchterhand, 1970, S. 145.

[13] Max PLANCK: *Vorträge und Erinnerungen*. Stuttgart: S. Hirzel Verlag, 1949, S. 332.

[14] Dietrich BONHOEFFER: *Tat*, a.a.O., S. 571.

[15] Herbert LÖLKES: *Rudolf Alexander Schröder*. Stuttgart: Quell Verlag, 1983, S. 40.

[16] Martin LUTHER: *Grund und Ursach aller Artikel D. Martin Luthers so durch römische Bulle unrechtlich verdammt sind*, 1520, WA 7, 336.

[17] Martin LUTHER: *Das schöne Confitemini an der Zahl der 118. Psalm*, 1530, WA 31,1, S. 65f.

[18] Evangelisches Gesangbuch, 481, Strophe 5.
[19] In zahlreichen Internetportalen ohne genauen Beleg Mutter TERESA zugeschrieben.

Brennan Manning/Jim Hancock

# The Real Me

Echt. Ehrlich. Entspannt.

208 Seiten, Paperback,
ISBN 978-3-7655-1522-4

Brennan Manning wirbt dafür, authentisch zu werden. Die Maske abzulegen und nicht mehr eine Person vorzuspielen, die man nicht ist. Oft meinen auch Christen, sie müssten fehlerlos sein oder zumindest nach außen so wirken. Sie setzen sich unter Druck, quälen sich mit Selbstvorwürfen und urteilen auch hart über andere. Brennan Manning erzählt aus seinem eigenen Leben, von seinen Träumen und Ängsten. Von seinem jahrzehntelangen Versuch, andere nicht sehen zu lassen, wie es in ihm aussah. Er beschreibt, wie das geht: Gott als liebenden Vater kennenlernen und alte Denkmuster aufgeben. Sich nicht länger selbst hassen, sondern sich als Kind des Vaters entspannen und echt werden.

Zusammen mit Jim Hancock hat er sein Buch „Kind in seinen Armen“ für junge Erwachsene neu geschrieben.

BRUNNEN VERLAG GIESSEN
www.brunnen-verlag.de

Henry Cloud

# Charakter gefragt

Sechs unverzichtbare Eigenschaften für Menschen in Verantwortung

256 Seiten, Taschenbuch,
ISBN 978-3-7655-4158-2

Henry Cloud nennt die sechs unverzichtbaren Eigenschaften für Menschen in Verantwortung und zeigt, wie man sie bei sich und anderen entwickeln kann.

Ein Buch für alle

- die Integrität, Charakter, Vertrauenswürdigkeit suchen
- die Menschen begleiten und fördern wollen – in einer Atmosphäre, in der jeder gerne seine Gaben einsetzt und sein Potenzial entfaltet
- die sich selbst weiter entwickeln wollen
- die zuverlässige Freundschaften und Geschäftsbeziehungen schätzen
- die auf erfolgreiches und nachhaltiges Engagement setzen, beruflich wie privat und im Ehrenamt
- die als Gruppe oder Gemeinde glaubwürdig wachsen wollen.

Geri Scazzero

# Jetzt ist Schluss!

Mein Aufbruch in ein selbstbestimmtes Leben

208 Seiten, Paperback,
ISBN 978-3-7655-1499-9

**„Ich halte es einfach nicht mehr aus!"**

Kennen Sie Situationen, in denen Sie sich wie festgefahren erleben? Geri Scazzero kannte sie zur Genüge. Nach ein paar Jahren als Pastorenfrau und Mutter war von der Freude und Lebendigkeit, die sie durch den Glauben gefunden hatte, nicht mehr viel übrig. Dafür verspürte sie jede Menge Frust, verdrängten Ärger, Müdigkeit und Zorn. Sie merkte: So kann es nicht weitergehen. Aber wie dann?

Der Aufbruch in eine lebenswertere Zukunft begann, als sie aufhörte, so zu tun, als sei alles in Ordnung, und den Mut aufbrachte, entschieden zu sagen: „Damit ist jetzt Schluss!" Sie verließ die aufblühende Gemeinde, in der ihr Mann Pastor war, und setzte damit eine Entwicklung in Gang, die nicht nur sie selbst, sondern auch ihre Ehe verändert hat.

Entdecken Sie, welche Schlussstriche Sie ziehen können, um aus einengenden Lebenshaltungen auszusteigen. Und wie Sie zu einem authentischen, befreiten Glauben finden können, der Ihnen ein kraftvolles und lebendiges Leben schenkt.

BRUNNEN VERLAG GIESSEN
www.brunnen-verlag.de